挫折

是用來勵志、不是用來喪志的

寫給千萬年輕人的信念和勇氣之書

戴晨志——著

晨星出版

——自序——

不要放手，直到夢想到手
與其抱怨，不如靠自己找希望

戴晨志

在一場演講前，我提早一個小時抵達會場，承辦人員與我，一起先測試電腦、投影設備。

工作人員對我說：「戴老師，很抱歉，我們的投影機線很短，所以您的電腦必須放在角落的桌上……」我說，沒關係，我有自備10公尺長的投影機線。

工作人員又說：「戴老師，不好意思，我們的音源線很短，不夠長，不方便連接擴音……」我說，沒關係，我有自備小音箱，可以用麥克風擴音。

工作人員說：「戴老師，很抱歉，我們的投影機亮度不是很好……」我說，沒關係，我有自備「高亮度的投影機」。

工作人員說：「天哪，戴老師，您這麼認真、用心啊，您什麼設備都自己準備啊！……我從來沒有看過像您這樣專業的講師……」

其實，沒什麼，這是我的個性，也是我的習慣。

有些講師跟我說，演講只要帶個「隨身碟」就可以了。可是，我很笨，所有電腦、投影機、小音箱、線路等設備，我都自己準備好，放在手拉的行李箱中。

我曾經在聽其他演講時，看到某位講師為了輕鬆、方便，只攜帶隨身碟上場；但當他演講時，隨身碟臨時出了狀況，投影畫面就是「出不來」。您可以想像到，那位講師站在台上，他心中的「焦急、臉紅、尷尬、不安、挫敗……」

人，若選擇輕鬆、偷懶、不用心，可能會碰到「讓自己大大的後悔」。

人，不怕沒機會，只怕沒準備。

金盃、銀盃，不如別人的「口碑」。

我告訴自己——無數的聽眾，花時間來聽我演講，不是來看我「出糗、出狀況的」；我要做好「萬全的準備」，也做最好的表現。

因為，「用力，自己知道；用心，別人知道。」

我們一上台，就是自己的形象廣告。

我們一開口，別人就在給我們打分數。不是嗎？

所謂「好運」，就是——當機會來臨時，你已經做好萬全的準備了！

我一直很喜歡這句話——「不要放手，直到夢想到手。」

放手了、放棄了，夢想就不見了。所以——

「夢想」不會放棄我們，只有我們，會放棄夢想。

「希望」不會放棄我們，只有我們，會放棄希望。

堅持，是一種習慣，而不是天分。

今天會成功，是因為昨天做對許多事。

堅持去做對的事吧！

人生值得傻傻的去做一次——「很想做的事」。

在翻閱資料時，突然看到我年輕時候的照片。那是我唸國立藝專廣播電視科、大概三年級、約21歲時的照片。

那時候，是三專學歷，所以畢業時，沒有資格「穿學士服、戴學士帽」；畢業典禮上，只有穿這所謂的「大學服」。

有些人曾跟我說：「戴老師，你的作者簡介、學經歷欄上，為什麼要寫你曾是『專科學校畢業』？……為什麼不要只寫，你在美國唸碩士，也拿奧瑞岡大學博士就好？」

其實，我完全沒有以我唸「專科學校」為恥。相反的，我很開心，我以曾唸過「藝專」為榮。

在藝專三年中，我每天寫日記，寫了三年，沒想到，我後來寫了五十多本書。

在藝專，我參加許多演講、詩歌朗誦比賽；從剛開始沒有得到名次，越挫越勇，到後來獲得全校演講比賽第一名、台北縣大專演講比賽第一名……

三年廣播電視科的學習，讓我鍥而不捨，後來以第一名的成績，考上華視記者。

人在努力、奮鬥過程中，「不夠聰明、憨慢一點、速度緩一點，真的沒有關係。」

挫折，是用來「勵志」、不是用來「喪志」的。

只要能「抱持最大希望、不懷憂喪志、盯住目標、盡最大能力」，就能讓自己美夢成真！

抱怨沒有用，一切靠自己。

與其抱怨，不如「靠自己找希望」。

我們抱怨多了，老闆不喜歡我們，同事也害怕我們，每個人看到我們，也都會逃之夭夭！

所以，生命一定會有挫折、委屈，但我們要有「情緒忍受力」、「挫折容忍力」、「行動意志力」！

在挫折、委屈、難過中，我們的臉上，依然可以掛著微笑！

人生不怕跌倒，而是在跌倒之後，

看誰，「爬起來比較快？」

也看——「最後誰笑起來最燦爛？」

CONTENTS

PART 1

定睛渴望，勇敢前行

PART 2

鬥志昂揚，展翅飛翔

PART 3

美善溝通，萬事亨通

PART 4

挑戰自己，掌聲響起

PART 1

定睛渴望，勇敢前行

1

人生都是從不如意、不容易、不可思議，搭建而成的

我有個女性朋友，多年來，一直都是商場上的女強人，可是，有一天她突然發現，她的喉嚨、舌頭不對勁；經醫生診斷後說，她得了「舌癌」。

為了活命，醫生把她的舌頭切掉四分之三，只剩下四分之一，也因此，她說話不太清楚；而現在的她，每天三餐必須把食物，加上液體，用果汁機一起打碎，以流質的方式喝下肚子。

我也有個朋友，得了「口腔癌」，不過，他比較幸運，經過大醫

院的多次手術、化療後，抗癌成功。現在，他每天清晨爬山、騎腳踏車，風雨無阻的運動、鍛鍊體能；而且，他還繼續在商場上，神采飛揚，也經營得有聲有色。

另有一位十年前認識的女性朋友，當時，她已經和當教授的男朋友論及婚嫁；但她有一天發現，教授男朋友有劈腿、與女學生親密交往的情況，並不合適她……

這女性朋友毅然決然地離開他，分手了。

後來，這女孩努力的考上了某國立大學她很喜歡的研究所；兩年後，她畢業了，又申請到大陸某知名大學，繼續攻讀博士學位。

去年，她獲得博士學位後，回台灣了，在職場上十分活躍。

今年，我們見面了。她說，她很開心，她當初做了一個「果斷、明快、正確」的決定，離開了「準未婚夫」，也改變了她「不可思議」的人生；從大學學歷，變成「博士」。

其實，**「人生都是從——不如意、不容易、不可思議，搭建而成的！」**

每一個人，都有很多「不如意」；例如，考試失敗、感情挫折、經濟不善、投資失利、家庭不睦、人際不悅……「不如意」的事太多了，讓我們心受打擊、心灰意冷……

所以，太多的「不如意」，讓我們感受到——要快樂生活、歡喜生存、努力向上，真的「很不容易」。

然而，有些人的命運比我們更加乖舛、悲慘，但他們不被擊倒、越挫越勇、突破困境、不向命運低頭，而走出亮麗的人生；他們的生命，真是「不可思議」啊！

所以，**雖然我們有很多「不如意」，生存賺錢「不容易」；但只要「不失意」、「不放棄」、「有志氣」、「多爭氣」，生命就可以變得「不可思議」了！**

勵志小語

別在「挫折、失望、不如意」時，就立刻打退堂鼓、鳴兵收場。你，還是有希望的。

2

挫折是用來勵志、不是用來喪志的

還好，當時被女朋友給甩了！

多年前，我應邀到屏東演講時，認識了一位好朋友介紹的知名「腦神經科」醫師。

這名醫師在吃飯、聊天時說，他高中時是一個體育很棒的田徑選手，經常在全台運動會中名列前茅、拿到金牌。

後來，他的女朋友考上了國立大學，他自己，卻落榜了。

他女朋友與家人都認為，他只會體育、田徑、賽跑，「頭腦簡單、四肢發達」，也沒有麼專業技能，將來一定沒有什麼出息，所以

就跟他「分手」了。

這體育健將、全台金牌的田徑選手，大受打擊，就開始用心準備、全心全意的重考大學。

老天終於不負苦心人。這名田徑健將，最後考上「國防醫學院」，畢業後當上了軍醫；服務期滿後，在屏東的一家醫院，擔任腦神經科醫生，懸壺濟世、為鄉親民眾服務，直到現在……

聽到這名醫師的真實故事，我真是感動！因為，他沒有被女朋友的「絕情分手」而擊倒，反而越挫越勇、再接再厲、激勵自己，也創造出自己最棒的價值！

他笑著對我說，「還好，當時我被女朋友甩了，否則，我今天就不會當醫生了！」

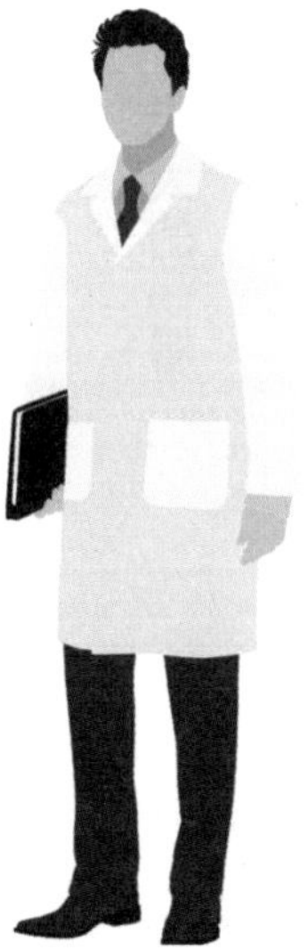

真的——「挫折，是用來勵志、不是用來喪志的。」

還好，因為被女朋友「瞧不起」、「被分手」了，才激發出自己「發憤圖強、不要被妳看扁」的信心與勇氣！

小樹，是澆冷水長大的。

人，也常常會被「澆冷水」、被「瞧不起」、被「嘲諷」、被「鄙視」……

但，我們都要讓那些「不看好我們的人」，大大的「看走眼」！

勵志小語

要在「最受挫折、最被看不起」時，努力做出「最堅強、最棒的自己」。

3

成長之路，速度慢一點，真的沒關係

展現專長與才華，讓自己被看見

我唸高中衛道中學時，心裡是非常苦悶、焦慮的，因為，我的英文、數學、物理、化學成績都不好；可是，當時男生大部分都是選擇甲組——理工組、自然組。

然而，我根本不懂什麼「物理、化學、數學」的東西啊。說真的，我是唸得很痛苦、鴨子聽雷。後來，我自己轉唸「社會組」，心想，應該比較好唸。可是，我對「歷史、地理」也沒有什麼興趣。

大學聯考，第一年我沒考上。在台北南陽街補習班，混混補習一年；第二年，聯考還是落榜、沒考上。難過之餘，我才考三專，考上國立藝專廣播電視科。

藝專畢業、退伍後，我考中廣、警廣、正聲電台，都沒有被錄取……人生陷入低潮，真是很痛苦。以為唸廣電科，可以找到工作，但卻是四處碰壁……

後來，我想出國唸書，準備考英文托福；但一次次的失敗、無數次的眼淚、天天的孤寂、沒有朋友，只有一個人坐在台大總圖書館，苦讀英文……最後，老天終是眷顧苦心人，我托福考試連續七次失敗，第八次，才幸運順利通過……

（算一算，我退伍後，竟失業了二年半。）

後來，我到美國威斯康辛州密爾瓦基市，去唸廣播電視碩士學位；回台後，才以第一名成績考上「華視記者」，改變了我的生命。

我當了二年電視記者後，又再到美國奧瑞岡大學，攻讀「口語傳播博士」；回國後，受邀擔任世新大學口語傳播系創系主任……而後，我經常寫文章，也集結寫書，未料，竟成為暢銷書作家，也在海內外，四處受邀演講……

我真的想告訴年輕人，與年輕人的父母——**「追求成長、成功，速度慢一點，真的沒有關係！」**

成績差一點，也沒有關係。千萬不要一直「責備孩子、數落孩子、唱衰孩子、用言語嘲諷、打擊孩子」，而把孩子的「自信心與自尊心」全罵光！甚至，讓孩子感到「挫敗、失望、絕望、自暴自棄」。

說真的，我的腦袋某些部分是笨的，我很多學科成績都很差、不

會考試；可是，寫報告、寫作文，我可以寫得很好。

我考試成績很差，可是，我敢勇敢舉手上台、敢勇敢站在全校師生面前演講；甚至，在成功嶺、復興崗當兵、預官受訓時，乃至於「預官授階典禮」上，我都是全部受訓學員的代表，受長官之邀，一人上台演講、致詞！

真的，「成長之路，速度緩慢一點，真的沒有關係！」

最重要的是，**要找到自己的「興趣與專長」，「勇敢舉手、勇敢上台、勇敢表現」，讓自己的才華與能力被看見，大大展現啊！**

勵志小語

人輸在「起跑點」沒關係，但不能輸掉「認真學習的態度」。

4

你不勇敢，誰會為你勇敢？要先不要臉，才能有頭有臉！

年輕時，我沒有什麼經驗，但我曾經主動打電話給中視副總經理鄧昌國，他也是前藝專校長。我主動求見、拜訪他、採訪他，也把我撰寫的文章刊登在校刊上；後來，鄧昌國副總讓我有機會進入「中視新聞部實習」，大大改變了我一生……

唸書時，我主動求見中廣知名播音員閻大衛先生；閻大哥十分愛護我，每週親自教導我、指導我練習播音，也耐心、細心地指正我的國語缺點……最後讓我能夠第一名考上華視記者。

我也曾經主動打電話到中央日報，請求副刊主編修改、指導我的文章、告訴我寫作的缺點、教導我寫作的技巧……

我也曾主動打電話給音樂大師李泰祥，請他給我機會、幫我試音，看看可否成為合唱團的一員？我在李泰祥老師家中，李老師一邊彈鋼琴、一邊要我唱歌……後來，我勉強被錄取了。

藝專二年級時，我在大年初一，獨自一人從台北搭乘火車到台東，再搭小飛機到「綠島」。

我一個人憑著信心，去教堂借了一輛腳踏車，到處問路：「請問，綠島監獄在哪裡？」最後，我找到綠島監獄，後來竟「獨闖綠島監獄」，見到監獄典獄長、參觀綠島監獄內部設施，甚至獲典獄長首肯，在綠島監獄內的招待所，住了一個晚上……

人的一生，命運都是自己勇敢去創造出來的。

你不勇敢，誰會替你勇敢？

你不主動，誰會幫你主動？

你不突破，誰會為你突破？

聽過一句話——「自己要先不要臉，有一天，才能有頭有臉。」

等待機會，不如把握機會；

把握機會，不如創造機會。

要「積極、主動、不要臉」，才會有「好運降臨」、

讓自己變得「有頭有臉」！

勵志小語

每個「改變、敢變與突破」，就是通往一個「新世界」。

5

「我願意，選我、選我」不要「怨著做」，要甘心樂意「搶著做」

有一次，我受邀到台南一家保險公司演講；我搭高鐵抵達台南站後，一男一女的保險公司同事，一起開車到台南站來接待我。

這兩名年輕同事很高興的在車上跟我聊天。他們說，主管詢問：「誰願意到高鐵台南站去接戴老師？」

結果，有些人說，他們有事、工作很忙，沒有空……結果，這兩名同事說：「我要去……我要去……選我、選我……」

就這樣，別人「推卸」了，但這二名同仁卻「主動爭取」到高鐵台南站來接我的機會。

他們在路上，一直和我聊天，也對我說：「能夠單獨和戴老師在車上聊天、請教戴老師的經驗，真是我們的福氣，我們當然要極力爭取啊！」

哇，這麼一句話，讓我好感動！

真的，**「放棄，只要一句話；機會，卻需要勇敢開口與積極爭取啊！」**

就這樣，這二名保險公司的年輕同事，在車上主動和我談話、請教了四十分鐘；回程，又開車載我回高鐵站，又聊了四十分鐘……

這二名同事，很開心的說：「今天真的太棒了，

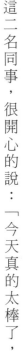

『賺到八十分鐘』單獨和戴老師談話、請教的機會……」

有些人，認為主管交辦的事，好討厭、很厭煩、為什麼不找別人去做？

可是，有些人心態不一樣，他們說：「我願意、我願意、選我、選我……」

一個人，只要願意舉手、只要開心地說：「我願意、我去做……」那麼，老闆就會看在眼裡，也願意提拔積極、熱情、主動爭取的人。

所以，**凡事不要「推著做」、不要「怨著做」，而是要甘心樂意的「搶著做、甘心做、歡喜做」……**

那麼，你就一定會「被看見」，也就會「有好運發生在你身上」！

勵志小語

成功，是屬於「主動爭取、鍥而不捨、永不放棄」的人。

6

若事與願違，請相信，老天必另有安排

抱怨沒有用，一切靠自己

多年前，曾經看過一則故事：一名年輕人，高中畢業，退伍了，在印刷廠當送貨員。

一天，這年輕人要將四、五十捆書，送到某大學的七樓辦公室；當他先把兩、三捆書送到電梯口時，被一位五十多歲的警衛大聲喝斥：「這電梯是給教授、老師搭的，你必須走樓梯……」

這年輕人解釋，他是要送七樓辦公室的訂書啊，四、五十捆書，要爬樓梯，豈不累死了？……可是，警衛一臉無情地說：「不行就是

不行，你不是教授、不是老師，就是不准搭電梯……」

這年輕人受到警衛的無情刁難，心一橫，把四、五十捆書搬到大廳的角落、放著，不顧一切就走人了。

後來，這年輕人向印刷廠老闆解釋，獲得諒解，也向老闆辭職。而他，也到書局，買了一堆參考書，含淚發誓——我一定要努力讀書、考上大學，絕對不要再讓人「瞧不起」！

後來，這年輕人終於考上某大學醫學院。二十多年過去了，他也成為一名著名的開業的中年醫生、院長。

這名醫生，親自寫下他的故事。他說，他常在想——當年，要不是「警衛無理的刁難與歧視，他怎麼能夠在屈辱中擦乾眼淚、堅定志

向、發憤圖強、考上醫學院、當上醫生？」

真的，**「如果事與願違時，請你相信——老天一定另有安排！」**

但是，**抱怨沒有用，一切靠自己啊！**

自己要轉念、要行動、要雪恥……

只有「壯大自己，才能揚眉吐氣、讓人看得起！」

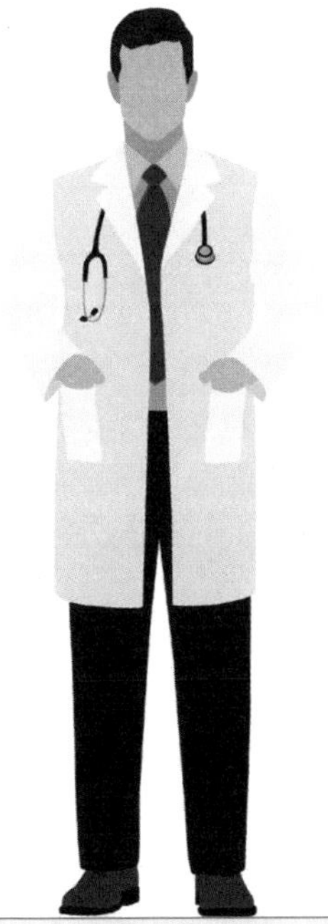

勵志小語

我們每個人，都是「自我生命的建築師」。
自己的生命大樓，要自己蓋。

7

只要你知道要往哪裡去，這個世界，一定會為你讓出一條路來

多年前，有一次，我從松山機場要搭機到高雄演講，在松山機場看到一則酒商的賣酒廣告。

這個賣酒廣告很特別，沒有精製的酒瓶，也沒有帥哥、美女當代言人……

這個酒商的廣告，只有呈現一幅山景畫作；山景中，有一條綿延到山頂的蜿蜒山路。

而這幅山景的廣告中，只寫了一句話——

「只要你知道要往哪裡去，這個世界，一定會為你讓出一條路來！」

這酒商的另一句廣告詞，是——「**Keep going!**」

當我看到這幅中文廣告詞時，我站在廣告看板前，駐足一分多鐘、端詳思索。

真的，只要你知道，「你要往哪裡去」，這個世界，一定會為你「讓出一條路來」！

當你有目標、有行動，也知道虛心請教、並身體力行、努力不懈、堅持到底……

那麼，就一定會有許多好友、貴人一起來相助，幫助你去完成目標、美夢成真！

所以，我們要問自己——

「我要往哪裡去？」

「我會什麼？我不會什麼？」

我的「專長、強項」是什麼？我要如何再精進自己？

「我要做什麼？我渴望要完成什麼夢想？」

渴望＋目標＋行動＋堅持＝成功

知識力＋行動力，

讓我們「如虎添翼」啊！

勵志小語

在無路可退、跌到谷底時，自己的「目標、勇氣與行動」最重要。

8

跌到谷底時，你只能往上、不能往下

怕滅頂，就要努力往上爬！

或許，我們會大大跌了一跤、跌到谷底、痛苦不堪，怎麼辦呢？

此時，我們沒有退路，只有一條路，就是——「努力往上爬！爬出谷底、爬出絕境。」

回想年輕時，我唸台中衛道中學高中部，我的英文成績不好；當時，教我們英文的老師，是從加拿大來的天主教修士。奈何，我的英文不開竅，總是學不會，所以我高中畢業時，「英文、數學」的成

績，都是不及格。

（當時，高中成績二科不及格，還是可以畢業。）

我大學聯考英文成績，只有十一分，所以二次沒考上大學。後來，只唸藝專廣電科。

在藝專廣電科唸書時，我們必修「廣播英語」一科。當時，這門課的老師，在華視新聞部擔任「英文編譯」。

其實，這老師脾氣很好，也不是很嚴格，可是，我沒有用心準備；期末考時，老師在教室播放幾段ICRT的英語新聞，可是，我們很多學生似乎是「鴨子聽雷」，聽不懂這英語新聞是在講什麼？

聽不懂英語新聞，自然寫不出中文翻譯，也因此，我「廣播英語」一科的學期成績，就被老師狠狠的「當掉」了。不過，還好老師可憐我，看我不是那麼不堪，讓我「補考」，最後老師給我六十分，勉強及格。

當兵退伍後，我努力苦讀英文，每天在台大總圖書館唸英文，目標是考上出國唸書的「托福」考試。

然而，我還是資質駑鈍、成績不佳，前後考了八次托福，才勉強通過最低標準，順利申請出國留學。

我到了美國威斯康辛州馬凱大學，唸了一年半，拿到廣播電視碩士學位；回到台灣，我也努力考上華視新聞部的記者。

當時，有一陣子，我被新聞部主管調職到編譯組，擔任「英文編譯」的工作；就是每天把外電的英語新聞，翻譯成為中文，再自己配音，用中文旁白，播報出來給觀眾們聽。

您知道嗎，過去在藝專廣電科「擔任我廣播英語的老師、把我成績當掉的老師」，後來，竟變成我華視編譯組的「同事」！

您可以想像嗎？——把我英文成績當掉的老師，就坐在「我的對面」。我們雖然有早、晚輪班，但是，我們還是會經常見面，一起上班、一起工作。

哈，這真是有意思、有夠好玩！

而這英文老師說，他當然還記得，他曾經把我的英文成績「當掉」。

人生，只要有決心、有目標、有鬥志、有幹勁、有堅持，就一定可以「爬出一條生路來」。

所以，**「當你跌到谷底時，你只能往上、不能往下！」**

就像掉落水中的人，他別無選擇，只有一句話——
「怕滅頂、想活命，就要努力往上爬！」

勵志小語

上半輩子「不猶豫」、勇往直前，下半輩子才能夠「不後悔」。

9

書到用時方恨少

肉到肥時方恨多

當學生時，常在考試前，才發現自己很多功課還沒有做、沒有讀。

在要交報告前，才驚覺資料都還沒有收集、報告內容不夠充實、文字還沒有開始下筆……

當要上台口頭報告或演講時，才發現，自己沒有內涵、沒有故事、沒有立論、沒有演練、內容生疏、口語表達詞不達意……

所以，「書到用時方恨少！」

而且，「肉到肥時方恨多。」

春天快來了，嚴冬就要過去了；這個冬天天氣寒冷，我運動比較少，真的多出「兩公斤」，心裡真是難過啊！

所以，什麼是「唸書」的好時機？——就是現在。
什麼是「開始寫報告」的好時機？——就是現在。
什麼是「練習演講」的好時機？——就是現在。
什麼是「減肥」的好時機？——就是現在。

人生，就是要——
「即知即行，現在就做！」
「知道，還要做到。」

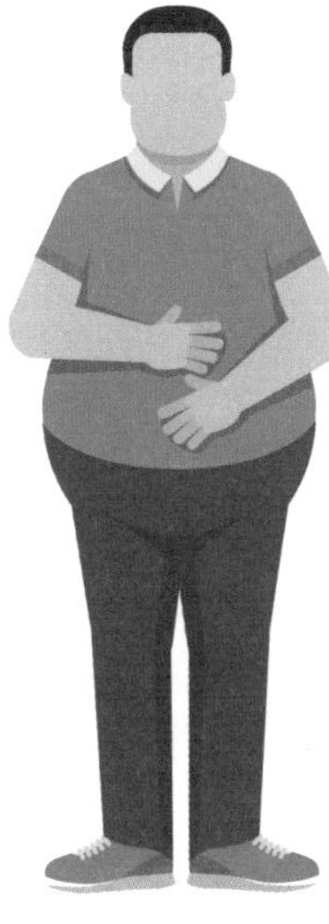

真的，「只有想，卻不去做」、「心裡知道，卻做不到」；

或是，只有「拖延、荒廢、藉口、推托、虎頭蛇尾、自我放棄……」那麼，過一陣子，就會讓自己感到懊悔與後悔啊！

大葉大學曾經出版一本書——《肯，才有機會》。其中提到，**年輕人必須做到——「肯學、肯做、肯付出、肯負責」，才會成功。**

如果空有夢想、不去實踐；空有理想，卻拖延時日；空有「知道」，卻不去「做到」，又有什麼用？

一個人的「夢想」，不能變成「只有夢」、「只有想」；做白日夢、只有空想，是無法成就自己的。

勵志小語

「肯付出、肯行動、肯打拚、肯堅持」，連上帝都會禮讓我們三分，協助我們成功。

10

態度，決定我們的高度
主動參與，就會遇見伯樂

有讀者在粉絲團我的文章後留言，提到現在的社會環境——「伯樂少、舞台無。」

的確，要碰到欣賞我們才能的「伯樂」，真的很少；能夠讓自己揮灑的「舞台」，也是不多。

可是，我只知道，年輕時，我只有唸藝專廣電科，我學歷不好，但，我要主動報名參加比賽、要主動站到舞台上、積極表現，才華才能「被看見」。

雖然，在藝專一年級時，我演講、詩歌朗誦、辯論比賽，都沒有得名，但我不氣餒；二年級，我繼續參加比賽，終於拿了全校、全臺北縣演講比賽第一名……

在當兵時，我也不斷主動參加演講比賽，也拿到政戰預官演講比賽第一名。

「舞台」在哪裡？自己如果不積極報名、不主動爭取、不勇敢上台，哪裡會有自己的舞台？

舞台，是「空」的。只有自己勇敢踏出去、踏上去，舞台才會是「實」的、是「真」的。

舞台，就在自己的「勇敢行動之中」啊？

在職場、在工作中，也是同樣的道理；用心、細心、努力爭取表現的機會，就會被賞識、就會有舞台。

「伯樂」在哪裡？其實，也是在自己的積極行動、創造之中。

唸藝專時，我主動採訪學長、校長、前校長；寒假時，我主動要求助教，安排我到中國時報實習；暑假時，我主動要求助教安排我到中視新聞部實習……

我也主動到處聽教授、專家演講，結識前輩……真的，我認識了很多愛護我的「伯樂」（太多了，寫不完）。

只要我們態度誠懇、願意主動學習、積極認真，那麼，到處都是會欣賞我們、幫助我們、提攜我們的「伯樂」啊。

「態度，決定我們的高度。」

「積極、認真、主動」，我們就會被看見、伯樂也就會出現。

舞台在哪裡？——就在自己「主動學習、主動參與、主動創造」之中啊！

勵志小語

當我們在「抱怨」時，對手正在努力進步、大步向前衝刺啊！

11

勇敢挺過挫折，就是美好機會的開始

年輕時，我在華視新聞部工作。主管曾經安排我擔任「半夜至清晨」的新聞採訪任務。

哈，我的工作是——每天晚上十點上班，一直到隔天清晨七點晨間新聞開播；這期間，也就是「半夜所有突發新聞」，都要我和攝影記者，一起奔赴新聞現場採訪。

如果是你，要不要接受這樣的任務、工作派遣？

半夜不能睡覺，就專門跑「半夜火災、酒駕車禍、警察臨檢、黑

道火拼、凌晨死刑犯槍決……」等等新聞。

當時，我欣然接受了主管的「欽點指派任務」，也跑出了許多當時只有三家電視台時的「獨家新聞」，而獲得主管的肯定與賞識。

後來，我也曾被長官調職，到編譯組擔任「編譯、翻譯外電新聞」的工作。

您可知——為了早上七點的晨間新聞，我在清晨五點之前要上班、收取外電新聞、翻譯外電與影片，也親自配音、旁白；所以，我在四點就要起床、出門。

台北的冬天，清晨四點，硬要從溫暖的被窩起床，真是冷死人啊！可是，我接受了這項挑戰。

也因為我有「電視採訪記者」的經驗，也有擔任「編譯、翻譯外電新聞」的經驗，所以，後來我申請美國大學博士班，被奧瑞岡大學錄取了。我在華視新聞部，前後只待兩年，就到美國奧瑞岡大學攻讀口語傳播博士。

也因此，改變了我一生的命運。

現在，有些年輕人，找工作時，要求「高薪水、高福利、要正常上下班、週六週日正常休假、不想輪值夜班……」

說真的，假如我當時沒有擔任半夜記者、我不願清晨四點起床、五點上班翻譯外電新聞……我不可能被長官肯定、賞識，甚至後來跑獨家新聞、獲頒發許多「獨家獎金」，也可能不會被奧瑞岡大學錄取博士班。

「人生不怕慢，只怕站。」

「安逸，是人生的安眠藥。」

其實，每一個「困難的工作、艱難的任務」，都是一個「磨練與挑戰」，也都是翻轉我們生命的契機啊！

只要是自己的「興趣與渴望的工作」，連三更半夜、不眠不休，你都願意去做、去爭取、去表現……這樣的態度，我們就一定會成功！

因為，**「勇敢挺過挫折，就是美好機會的開始。」**

勵志小語

在最壞的時代，要做最好、最棒的自己。
跨過挫折，成功就在那一頭等你。

12

為夢想與渴望，奮力前進

我要被看見，即使無薪也甘願

我曾在粉絲團寫了一篇文章，提到——我年輕時，在華視新聞部工作，被長官指派擔任「半夜記者」。也就是，晚上十點到清晨七點的突發新聞，包含半夜火災、酒駕車禍……等等，我都必須去跑新聞。

我也提到，我曾被長官調去編譯組，擔任「外電新聞英文翻譯」；晨間七點的新聞，我必須在清晨四點起床、五點之前抵達辦公室。

有讀者留言回應說——「做夜班的記者，一定要有夜班津貼吧！

如果沒有休假，起碼也要有類似加班費或是獎金，不然的話，誰要幹？」

其實，說真話，當時，我們是沒有「夜班津貼」的，也沒有「加班費」或是「獎金」。主管指派我做，我就去做了。因為，在三十年前老三台的年代，當上「電視記者」多麼不容易啊！

而且，當電視記者是我的「夢想與渴望」，只要有機會，就趕快爭取啊！哪會想到要有「津貼、加班費、獎金」呢！後來，也因為我有當「電視記者」與「外電編譯」的資歷，我才順利申請到美國奧瑞岡大學博士班的入學許可。

其實，我剛從美國拿碩士回台時，我報考台視，沒考上。當時，只有台視有公開招考電視記者。後來，我毛遂自薦，寫了一封信給「華視新聞雜誌」製作人，希望能有機會到該單位實習，而且不用給

我薪水沒關係，我願意「無薪實習」。

我拿美國廣電碩士回台，願意「無薪實習」，製作人就同意並給我出入證，讓我進入華視實習。

剛開始，我沒有辦公桌，只有隨時向前輩請教。大約二周後，製作人給我任務，要求我到台東外役監獄採訪，製作十五分鐘的電視節目。

我任務達成了，製作人給予我大大的肯定，節目也在華視頻道播出了！原本，我願意「無薪」，但製作人主動以「按件計酬」的方式給我酬勞。後來，我表現不錯，每週都有酬勞；大約兩個月後，製作人改聘我為「特約執行製作」。

過了不久，華視第一次公開招考，我才以第一名的成績，考上正式的記者。

我個人認為——我沒有任何背景，也不會、不懂關說；我只有誠懇的「毛遂自薦」，告訴電視台製作人：「我願意無薪實習、學習，請您給我機會，我一定會好好表現！」

我可以不要津貼、不用休假、不要加班費或獎金，我只要「給我學習、表現的機會」，我就心滿意足了。因為，當電視記者是我的夢想與渴望啊（在當時）。

這是我的「價值觀」，而我，也這樣走了過來。

我願意暫時無薪、不求津貼與獎金、我願意當半夜記者，我只需要「一個機會」——我要「被看見」，我就會有「傑出的表現」，就可以展開人生精彩的一頁……

勵志小語

我沒有任何背景，也不懂關說；我只有誠懇的「毛遂自薦」，只求一個表現的機會。

13

能改變你的人，只有你自己

大聲朗讀，讓你充滿更多自信

上台演講、說故事、口頭報告、主持會議，要不要事前準備、演練？當然要！

我曾經為了在上台演講時，要講一個感人的故事，因而在開車時，不斷的一次又一次的練習；我手握著方向盤，腦袋想像著那感人的場景、嘴巴不停的述說那感動至深的故事……

就這樣，我一邊開車，眼淚一直流下來，我雙眼都是感動的淚水……

我知道，我要**「先感動自己，才能感動別人。」**

我要不斷的練習，不能在上台演講時，說話時結結巴巴、口齒不清、語意不明……

你平常訓練「朗讀」嗎？

我女兒現在唸國立大學英語系大四；她知道，或許以後就業，需要面試、需要口語表達……所以，她每天主動朗讀、唸稿、錄音給我聽。

剛開始，她有點「羞澀、不敢、不好意思」……但是，朗讀多了、練習久了，自然越唸越好、越有自信、越來越從容、流利……甚至，她後來也不斷地自我訓練「英語朗讀」。

每次的面試、面談、上台分享、口頭報告、英語對話……豈不都是需要練習、需要膽量？而且，「口才魅力」與「溝通膽識」，都是一次又一次的演練、不斷的累積而來。

親愛的朋友，你要不要讓自己每天「練習朗讀」？

我年輕時，每天訓練自己朗讀，讓我考上電視記者、讓我當上世新大學口語傳播系主任、讓我在海內外受邀演講三千多場次。

請你記得——「朗讀」時，聲音大，比沒聲音，學習效果相差五倍！大聲朗讀、勤於練習口語表達，一定會讓你「更有自信、更有口才魅力」。

也請再記得——**「能改變你的人，只有你自己。」**

勵志小語

樂觀、積極的人，隨時可以開始；
悲觀、消極的人，隨時可以結束。

14

別人沒有認識我們的義務，但，我們有推銷自己的權利

我的英文不好，為了到美國留學，我前後考了八次托福才通過；失業二年半，才到美國威斯康辛州的密爾瓦基市唸碩士。

我知道，我的英文能力無法在上課時發言、或與美國同學搶答，所以，我會在下課後，主動趨前、向教授請教一些不懂的問題；甚至，陪著教授，一路請教，也踏著雪、送教授回到他（她）的辦公室。

而在教授的辦公室時間，我常會主動到教授的辦公室，向教授請

教一些自己不懂的問題或作業。

因為，我知道，我的英文不好，但，我要讓教授了解——我是認真的、用心的、積極的，更是願意努力學習的……

所以，在美國，我從三專生直攻研究所，不到一年半，我就拿到廣播電視碩士學位。

其實，要主動請教老師，老師才會認識你、也才會對你印象深刻。

所以，以前有一位前輩告訴我——

「別人沒有認識我們的義務，但，我們有推銷自己的權利。」

我們如果不開口、不請教，我們算老幾？別人怎麼會主動來關心我們、幫助我們、解決我們的困難？

我始終相信——「天道酬勤」、「勤能補拙。」

我們必須「勇敢、主動認識老師、請教老師」，不管是在課堂上、課堂外。

我們就是要「勇敢開口、勇敢請教」、「讓自己被老師看見、被老師欣賞」，也把自己推銷出去；這樣，當有機會來臨的時候，老師才會記得我們、提拔我們、推薦我們啊！

如果我們退卻、我們不敢主動、不敢開口，只會讓自己陷入困境。

我們的心，不能「看破」，而必須「突破」。

我們可以「失意」，但不能「失志」。

一個人，「不行動，就是最危險的行動啊。」

勵志小語

在挫折時，我們可以學習——「發上等願，往高處立、向寬處行。」　（左宗棠語）

15

只要有一分的希望，我們都要付出一百分的努力，讓美夢成真

有人問美國電視「艾美獎」得主、盲人吉姆．史都瓦：「如果你預訂的目標沒有達成，針對這個目標，你會堅持多久呢？」

吉姆回答說：「如果有一輛車子翻覆、壓住你的小孩，使你的孩子無法動彈，甚至生命岌岌可危，那麼，你會努力多久，把車子從你的孩子身上移開呢？

你一定會利用各種不同方法、不斷的嘗試，直到你把車子移開、

救出你的孩子為止，是不是？……這，就是你應該努力的時間——繼續堅持、繼續努力、不停嘗試，直到你達成目標為止！」

是的，想想——假若我們的孩子被車子壓住了，我們一定會想盡所有辦法，不斷地嘗試去營救他；一次、二次、五次、十次……直到把孩子救出來為止！

為什麼？因為，他是我們「最親愛、摯愛的寶貝孩子」啊！我們怎會隨便遺棄、不顧呢？

的確，我們的「夢想」，也是我們「最摯愛的孩子、我們的寶貝」，我們不能隨便放棄它、丟棄它啊！所以——

「只要有一分的希望，
我們都要付出一百分的努力，讓美夢成真啊！」

勵志小語

一切的成就，都是從「心、渴望、行動、不放棄」而達成的。

PART 2

鬥志昂揚，展翅飛翔

16

渴望，讓你立即開始
要轉念、要敢變，人才能轉運

有一女讀者，因疫情關係，工作沒有了，也暫時找不到工作，就想準備國考，希望能考上公務員。

可是，她說，爸媽帶她去給算命師算命。算命師說她的「考運不好」，恐怕不太有希望……她問我，這該怎麼辦？

我說，「人生路，自己走！」

一個人，為什麼要聽算命人的話？為什麼自己的命運，要掌握在算命仔的手裡、嘴巴裡？

算命師，也是人，不是神，為什麼要聽他的話，不相信自己的努力？

我以前二次大學沒考上，只有唸藝專，考運也是不好。

我為了出國唸書，托福考了八次，才低空飛過，考運也是不好。

我曾考中廣、警廣、正聲、台視，也都沒有考上。考運，也真的很差（也是自己實力不好）。

可是，人要聽算命仔的話嗎？自己的前途，豈不是掌握在自己鍥而不捨的意志裡嗎？

「專注，是成功的必要條件。」

考不好？……請關掉3C、拒絕應酬、不要娛樂，全心全意準備國考；打斷退路、破斧沉舟……很多考上普考、高考、國家特考的人，不都是這樣做、這樣走過來的嗎？

我不相信「算命」、我不相信「收驚」、我不相信「星座」、我也不相信「血型判性格」……

若有挫折，要靠自己的「信心、決心、毅力與堅持」，勇敢走出自己的美好人生。

人，可以哭泣，目標不能放棄；擦乾眼淚，繼續努力！

一個人的力量，來自自己內心深切的渴望！

渴望，讓你立即開始；
習慣，讓你持之以恆；
信念，讓你堅持到底！
要「轉念」、要「改變」、要「敢變」，自己的命運，
才能「大大轉運」啊！

勵志小語

自盤古開天地以來，到處都不缺「人力」，而是缺「人才」。

17

把「憂」變成「優」，生命就能絕處逢生

腰桿挺直、改變心境、脫離困境

「憂」，是傷心、難過、挫折、心情過不去、感情有挫敗……

「憂」，是內心的憂愁、悲情、沒希望、遇困境……

然而，「憂」，也是一個內醒、自省、警鐘、是惕勵，也是個「轉機」。

因為，繼續不停的「憂」，只會讓自己陷入痛苦的深淵、且越陷越深……

轉個念頭、面向陽光、嘴角往上、燦爛微笑、樂觀歡喜……

「憂」，是困境、是憂愁、是煩惱。

憂，自己成績不夠好，考不上好學校、找不到好朋友、找不到好工作、找不到自己喜歡的另一半……

憂，自己沒有工作，或薪水待遇不好，不能養家糊口……

在「憂愁、憂煩、憂心」之時，我們也可以更加努力、朝著自己的興趣鑽研，「挺直腰桿、扭轉逆境」！

腰桿挺直、勇往向前、訂下目標、說做就做、堅持不懈……

就一定可以扭轉逆境，把「憂」，慢慢轉變成「優」了！

憂，不能一直憂！

要學習、要改變、要專注、要全心投入、要有情緒智慧、要懂人際溝通、要樂觀開朗、要笑臉迎人……

做好更棒的自己、更精彩的自己，「憂」就會不見，也就會變成「優」了，也能讓自己的生命——「絕處逢生」。

「在天很黑的時候，星星就會出現！」

「再怎麼黑暗，都有蘑菇在努力成長！」

我們都要當一個——在挫敗、低潮、憂慮、失意、黑暗中，不斷努力成長的「蘑菇」。

勵志小語

人生充滿希望，去做就對了！
生命要從「憂」變成「優」，絕處逢生。

18

不要放手，直到夢想到手
若要人前顯貴，就要人後受罪

打網球，很辛苦，沒有代打、也沒有「板凳替代球員」。不管單打、雙打都是一樣。

有一次，詠然在國外參加比賽，遇到一些挫折；我傳個簡訊給她——

「力量來自渴望，成功來自堅持。敢想、敢要、敢得到！」

詠然接獲簡訊後說，她好喜歡這些話，尤其是「力量來自渴望」。

是的，所有力量，都是來自對目標、勝利、奪標的「熱切渴望」。詠然在接受媒體採訪時，曾說——她曾經在自己房間的「化妝鏡、與窗子玻璃上」，用口紅，寫上大大的字「力量來自渴望」，來天天激勵自己！

詠然曾經在二〇〇九年的台北海碩杯比賽中，六天之內，決戰九場，大獲全勝，也拿下女子單打、雙打的「雙料冠軍」。她在拿下冠軍後，掉下眼淚說道：「有一度，我好想放棄，累得不想再撐下去……可是，看到那麼多人到球場來為我加油，想到爸爸、媽媽那麼辛苦照顧我、陪我奔波，我就不能輸，我就要繼續奮鬥下去……」

真的，每個人要有「明確目標」，以及「贏的渴望」。所以，我們都在學習——

「不生氣、要爭氣。」

「不看破、要突破。」

成功的唯一祕訣，就是堅持撐到最後一分鐘。

在經過無數的艱辛努力與奮鬥之後，**「最後笑的人，笑得最美！」**

其實，詠然在第一次與我見面時，就曾經跟我說：「戴老師，我永遠不會忘記你書中的一句話？」此時，我心裡有點緊張，因為我寫了五十多本書，我不知道她到底記得「哪一句話」？

這時，詠然笑笑地說，就是那一句：**「放棄，只要一句話；成功，卻需要一輩子的堅持！」**

哇，我一聽，心裡好感動！因為，詠然是一個喜歡看書的孩子，不僅看書，還把一些能夠幫助她的一些詞句文字、名言佳句，都記錄在自己的筆記本上、帶出國比賽。

在比賽中場時，有時候輸球，就翻一翻筆記本，看看那些話語，能夠幫助自己、也作正能量的心理建設，希望下半場能夠「反敗為勝」。

看不見的幕後日常

有一次，詠然告訴我，有時候筋疲力竭時，要放鬆肌肉，消除疲勞，她要泡「冰水澡」。

啊……泡冰水澡？那不是冷死了？這是真的、還是假的？

我問詹媽媽，詹媽媽說：「對，我常到超商買一袋袋冰塊回來，放浴缸裡，加入水，讓詠然在浴缸裡浸泡……」

聽到這裡，我相信詠然與詹媽媽不會欺騙我；「泡冰水澡的事」一定是真的。而我也相信——「**若要人前顯貴，就要人後受罪。**」

我也記得，詠然還跟我說參加國際網球比賽，賽後需要「藥檢」。

可是，有時明明比賽已經輸球了，還要被要求去驗尿，心裡真是很煩。

但沒有辦法，大會規定，就必須遵照辦理。所以，詠然就趕快去廁所，把尿液裝進杯子；可是，因「趕時間」心裡焦急，只好小跑步……哪知，一不小心，一個踉蹌，人跌倒了、杯子掉到地上了、尿也全都灑在地上了……

天哪，怎麼辦？明明正在趕時間，尿液灑了、沒有樣本交去藥檢了……生氣嗎、憤怒嗎、臭罵嗎……都沒有用，即使氣死了，都沒有用、無濟於事！

怎麼辦，只好趕快「忍住生氣」，再去喝一大杯水，讓自己有尿意時，再趕快把尿液，裝到化驗杯內，再小心翼翼拿去大會規定的地方檢驗。

是的，「生氣，沒有用，要爭氣、要爭氣……」凡事都要小心、謹慎，免得事倍功半，甚至徒勞無功啊！

我曾經看過詠然年輕時的筆記，上面寫著：「縱使父母曾痛心的大罵、甚至責打我們，但我深信，責罵我多的人，就是成就我多的人，只要我虛心接受。」

看到這一段，我好感動。如此用心學習、隨時自我反省、做事不馬虎的孩子，將來一定會成功。

如今，詠然出書了。她把她自己一路走來的故事與心情，跟所有讀者們分享，真是太棒了！

在此，恭喜、祝福詠然！

＊（本文是為詹詠然新書《你已是你所需的一切》所寫的序文）

勵志小語

不要放手，直到夢想到手！
人的態度，決定自己所走的路。

19

人生路，自己走
自己的天空，要自己去揮灑

前幾天，在聯合報看到——一名高雄大學女生楊岱璉，在大二那年媽媽不幸病逝，她不捨爸爸辛苦賺錢養她，就下定決心「報考公職」。

楊同學大二下學期，就到補習班上課；花了七個月的時間努力準備，甚至一度辛苦唸書唸到發高燒送急診，也不輕易喊累、不輕易喊停休息。最後，她終於在「大三」，就考上一般行政的公務員，開始當起公務員。

天哪，其他同學都還在玩社團、瘋跳舞、瘋追劇，或是談戀愛、計畫畢業旅行、享受大學快樂生活……家境清寒的楊同學，卻為了儘快「獨立賺錢」，已經當起了公務員。

然而，為了完成大學學業，楊同學轉學到正修科技大學在職班，平日要按時上班，而利用假日上學。等到拿到大學文憑後，她又努力的考上「政大公共行政碩士班」。

二〇二〇年七月，楊同學更挑戰「高考人事行政」，成為該科高考「榜首」。

看到這則新聞，真是太令人感動了。

在此紛亂、不安的社會，楊同學母親早逝，但她竟然如此「自律、懂事」，也不願讓辛苦的父親撫養她太久……她奮發圖強、自力更生、定下目標、自立自強、苦讀應試……

當其他同學都還在輕鬆、玩樂、揮霍時，她在大三已經辛苦當起公務員，為自己的人生，找到目標與方向。甚至，一邊工作、一邊利用假日時間讀書，也考上政大研究所、考上「高考榜首」。

看到聯合報這篇真實報導時，我心中激動、眼眶泛紅……我剪貼下這篇文章、收藏，也放進電腦資料檔案……

多少大學生，唸四年畢不了業；延畢後，又不知道自己的興趣與方向、渾渾厄厄，甚至到了三十歲，還當個沒有目標、沒有鬥志的「靠爸族、靠媽族」。

「人生路，自己走。」

「自己的天空，要自己去揮灑！」

要當一個「自我嚴律、懂事進取」的年輕人，多麼不容易啊！

漢光武帝（劉秀）說：「有志者，事竟成。」

我們都要當個「為自己人生負責、揮灑自我亮麗天空」的——有志者，讓事竟成啊！

所以，成功不是靠「夢想」，而是靠「實踐」。

我們都要「相信自己」——相信自己一定可以做到。

如果，我們連自己都「不相信」，就永遠不會有奇蹟發生。

一個人想成功，就必須——「要相信、要去做，不能虎頭蛇尾、半途而廢。」

勵志小語

自信，是一種習慣，而不是天分。
今天會成功，是因為昨天做對很多事。

20

越低潮，越要主動出擊
讓自己的心，充滿陽光與正能量

每個人都有心情低潮、挫折感很重、鬱卒、憂鬱……的時候。尤其，在這一年之中，新冠疫情的影響，經濟、收入受到嚴重衝擊的家庭，更是不計其數。

其實，我當作家、講師的人，也是受到很大的影響；因為各單位、企業、學校……原訂的演講，都取消了、延期了。

我知道，真正受極嚴重衝擊的人，非常的多；不過，我總是告訴自己——不能灰心、不能消極、我要正面思考、我要多多走出去。

真的，「困難、困難，困在家裡萬事難。」我們心情愈悲愁、愈挫敗、困在家哩，只會愈困愈憂愁。所以——

「越低潮，我越要主動出擊！」

「只要主動出擊，就有機會！」

在遇困境時，我會每天主動多打一些電話，給老朋友、老同事；或是，外出小旅行、探望老朋友，問候一下、聊聊天、知道近況、互祝平安快樂！

「多主動出擊、多主動和朋友聯繫」，我發現，我已經是很幸運的了。比我們不幸的人，還有很多、很多呢！

「微笑不用錢，但微笑很值錢！」

我們雖然暫時遇到低潮、挫折，但我們要主動走出去；我去看了畫展，策展人是我多年不見的好朋友，相見時，很開心，約定找時間好好相聚、聊聊。

「出路、出路，出去走走就有路！」

「機會，就在行動裡。」

低潮、挫折時，我們絕對不能窩在家裡唉聲嘆氣、自怨自艾；我們的心，要勇敢走出去、讓自己的心，充滿陽光、正能量！

勵志小語

> 只有想不通的人，沒有走不通的路。
> 出路、出路，出去走走就有路。

21

每一天，都是美好的開始
每一天，都是你的代表作

有人說，遇到星期一，就會有「Monday Blue」（週一藍色憂鬱）的感覺；也就是——希望假日還可以繼續下去，不要那麼快週一就要辛苦上班了……

其實，如果我們每天都在放假，一整年、兩年、三年都可以不做事，「天天無所事事」，那麼，人生會變成什麼樣呢？

假如，人生變成完全沒有什麼目標，會是一件好事嗎？

所以，有些人會有「Monday Blue」的心態，但，有些人則沒有，完全看自己的「工作態度與認知」。

現在的我，有時候很高興星期一到來；因為，週六、週日放假時間，不方便打擾別人、不方便談公事、不方便打電話、怕叨擾到別人；可是，週一到了，就可以開始聯絡一些事情、開始展開一些計劃與行動……

「每一天，都是美好的開始。」
「每一天，都是你的代表作。」
「每一天，都是上天給予的恩賜。」

我們每一天，都可以開開心心的工作，歡歡喜喜地朝著目標前進。

同時，我們也可以——

「心存善念，善待別人；打開心窗，接納別人。」

其實，我們人生都是在學習——

每天練習對別人「好好說話」。

每天練習「少抱怨，多實踐」。

也讓好脾氣，每天不斷與我們相遇。

不管今天是星期幾？星期一也好、星期三也好，星期五也罷，天天都是好日子，每一天，都可以是我們「精彩的代表作」。

因為，「擁抱熱情、開朗的自己」，就是一切成就的起點。

勵志小語

沒有好能力，就要比別人「更努力、更積極、更精進」。

22

轉念吧，不計較，常歡笑
心中有個大目標，千斤重擔我敢挑

年輕時，我曾表現不錯，但也招來一些批評與毀謗；一位前輩就安慰我說：「晨志啊，一棵樹要不是果實累累的話，怎麼會有人拿石頭去丟它？……你就是表現很傑出，才會有人眼紅、嫉妒你、批評你……你絕對不能氣餒，要繼續努力加油！」

前輩的話，著實安慰我紛亂、難過的心。

平時，我在走路時，也會背誦一些話，來激勵自己——

「放棄，只要一句話；成功，卻需要一輩子的堅持！」

「心中有個大目標，千斤重擔我敢挑；
心中沒有大目標，一根稻草折彎腰！」

我知道，我沒有家世背景，我必須更堅強、更努力、有目標、不放棄，一生才能有作為。

所以，常有人問我：「戴老師，你有沒有什麼話，是你的座右銘，或是時常激勵你的話語？」

此時，我常會立刻背出：「若要人前顯貴，就要人後受罪。」

當我心情沮喪時，我就會告訴自己：

「沒有過不去的事情，只有過不去的心情！」

「轉念吧，不生氣，要爭氣；不計較，常歡笑！」

當我信心有些動搖時，我就想起國父孫中山先生的一句話——

「吾心信其可行，則雖移山填海之難，終有成功之日；吾心信其不可行，則雖反掌折枝之易，亦無收效之期也。」

在人生道路上，我們都有很多挫折、傷心、難過；但是，我們心中都必須有一些「話語、名言佳句」來幫助我們——不能被擊倒、不能一蹶不起；要有正能量的話語，來幫助我們度過難關、振作奮起。

勵志小語

一想、二做、三成功；
一等、二看、三落空。

23

要當人才，不要一直當人力
別讓自己空有才華而不自知

網路上，曾經有人提問：「現在有人沒有叫過外賣的嗎？」

其實，我必須舉手。我從來沒有叫過外賣。

因為，我不忍心，叫年輕人騎著摩托車，去幫我提拿食物，再一路奔波、爬上樓，拿來遞送給「動都不動、只巴望等吃的我」。

我若要吃東西，就自己勤快的下樓、自己去買。

現在有許多年輕人從事騎摩托車、遞送外賣的工作。當然，有人有經濟壓力、有人一時找不到合適工作，不得已來做騎車送外賣的工作。尤其在疫情期間，外賣外送員，真的幫助民眾解決許多食物外送的問題。

不過，騎機車送外賣，會風吹、雨淋、日曬，又有交通擁擠、吸廢氣、不小心發生車禍、衝突、糾紛的風險，真是讓人感到不捨心疼啊……

外送員每天奔忙，從事的是辛苦、高風險的勞力工作，但若能邊工作、邊提升自己，日後要闖出一番成績一定難不倒現在的年輕人們。像是多利用青春時光，多——「投資腦袋、專業、技術」，在年輕時，是學習能力最強的時間，最好能多「充實腦力」、累積自己的實力。

對很多外送人員來說，他的夢想或許和外送工作無關，但是外送工作的薪水能幫助讓他們實現夢想，這也是我想傳達的，年輕人們透過外送工作，如何啟發自己的不同思考、如何汲取經驗學習，而讓這份工作能為自己創造豐厚經歷、累積夢想資本。

我在美國唸博士班時，沒有什麼錢，但我在中國時報寫了二年的專欄；也在許多報章雜誌，勤寫文章，用「腦力、知識、筆耕」，賺點外快。

我總覺得——我要靠知識「腦力」賺錢，少用「勞力」賺辛苦錢。

所以，我在演講時，告訴年輕人——不要當「人力」，要努力當「人才」。

要努力投資「腦力、專業、知識」，讓自己成為別人爭相聘請的「人才」；盡量減少讓自己成為一直靠「勞力、體力、風險」，賺危險、辛苦錢的「人力」。

在此疫情嚴峻期間，為辛苦送外賣的朋友致敬、致謝。

但，也請記得——**「別讓自己空有才華而不自知！」**

或許，很多人都是非常有才華的，可以努力成為傑出的「一等人才」；我們都不要小看自己，也不要一直屈就當「一般人力」，或「三等人才」啊。

勵志小語

你是很棒的人才，千萬別讓自己選擇簡單、輕鬆，而「大材小用」啊！

24

命運，是不會遺傳的
別讓自己的生命，選擇安逸

週日下午，有人在家睡覺、有人與家人朋友出遊、有人到花卉展覽賞花、有人高歌歡唱、有人爬山健身、有人挑戰騎腳踏車……每個人，都可以自由安排自己的假日、做自己最想做的事！

有個週日下午，有三百多人，放棄假期，選擇來到臺中一家公司，來聆聽我的演講會。

我的內心，是感動的。

因為，外面天氣晴朗，這些來自中部各鄉鎮市的朋友們，放棄到

戶外遊憩的時間，而把公司的教室，幾乎都擠滿了。

在現場聽眾的熱情氣氛中，我告訴大家——我也是鄉下地方長大的，人生就是需要奮鬥、打拚……

「生命，是不可預知的。」

「命運，是不會遺傳的！」

我們都要自律、努力，成為一個「專業人才」。

我也告訴現場的朋友們——

有一種陷阱，叫「安逸」。

「安逸」，是人生的安眠藥，會讓自我心態陷入「安眠」。

我們絕對不能讓自己的生命，選擇「安逸」。

因為，**「認真，是一種態度；用心，是一種習慣。」**

「當我們在悠閒、休息時、對手正在進步。」

我很高興聽到一位朋友說，她邀請一名八十三歲的老媽媽，從南投竹山來到台中參與我的演講會。老媽媽原以為，自己會打瞌睡，結果，二小時的演講，老媽媽竟然完全沒有打瞌睡，而且，還親自寫了「十七句金玉良言」，說要要拿回去給孫子學習。

哇，真是太棒了！

用心、快樂學習、認識更多好朋友、好老師，就是最棒的！

「人生可以變好，還可以更好！」

「只有勇敢的走出去，才能吹拂到涼爽的微風。」

勵志小語

人生，有千萬個起跑點。
每個挫折、憂傷，都是「希望的太陽」。

25

從「生氣哥」變成「爭氣哥」

不冷漠，要幽默！

我曾經在粉絲團中分享一句——「不要只會生氣，卻不會爭氣！」

一位 **Irwin Kao** 先生說，他本來的綽號叫「生氣哥」；可是別人對他說，生氣沒有用，要「爭氣」。他後來想一想，是滿有道理的。

其實，一個人若愛生氣、生悶氣、憤怒大暴走、甚至失去理智大打出手……可能都沒有用、都無濟於事。所以，這位愛騎單車的「帥哥、生氣哥」，就把自己的綽號，改成「爭氣哥」。

哇，這真是太棒了！本來是一個「生氣哥」，常愛生氣、發脾氣；現在，心念一轉，變成為「爭氣哥」，多好啊！

凡事，我們心裡都要想——我要用心、我要認真；有挫折、有困難、有麻煩、有嘲笑、有跌倒、被打擊……我都要「忍住脾氣」，我都要爭氣，也要心平氣和、努力向前、做出成績！

是的，我們都要成為「爭氣哥」、不要成為「生氣哥」。一味憤怒、生氣，不能解決問題。「不看破、要突破」，才能讓自己大大爭氣、嶄露頭角！

所以，也不要做一個「生氣妹」，要做一個「爭氣妹」。做一個人見人愛、成績斐然的「爭氣妹」！

——不生氣，要爭氣！
——不計較，常歡笑！
——不灰心，要開心！
——不冷漠，要幽默！

——不看破，要突破！
——不將就，要講究！
——少怨氣，多福氣！
——少抱怨，多實踐！

勵志小語

在憤怒時，不暴走、不暴跳、不暴衝；
要做三個深深呼吸、平安度過困境。

26

不鬥氣，要鬥志
不比氣盛，要比氣長

每天看新聞，都有很多衝突事件，雙方互相叫罵、甚至大打出手。

看看，一大堆車禍的衝突、酒店、KTV互看不順眼、就吆喝自己兄弟、互相鬥毆；或是隔鄰店家、為了彼此利益、互告受損的衝突……

也有交通事故，雙方態度不好、口氣不佳，就找人馬來大打群架、大家都鼻青臉腫。

也有富商子女，為了父親留下的百億家產，一直爭吵不休；互不相讓、大打官司、沒完沒了……。

人，只要有利害相關、權益受損、自尊受損、名譽受損、金錢受損……都會生氣、動怒、抓狂、面紅耳赤、大動肝火、大打出手……最後，也是兩敗俱傷。

其實，人生就是要學習——

「不鬥氣，要鬥志！」

「不生氣，要爭氣！」

兇狠鬥氣、大打出手、雙方鼻青臉腫，或不幸被砍傷、被砍死，又有什麼用？

所以，雙方憤怒、鬥氣、耍狠，最後的結果——

「打輸，送醫院；打贏，送法院。」

不鬥氣，要鬥志。

少怨氣，多福氣。

一個人不要只會「生氣」，
而不知道「爭氣」啊！

而且，**人生不是要比「氣盛」**，
而是還要比「氣長」。

所以，「氣盛、憤怒、大發雷霆」，都沒有用；

要爭氣、做出成績、被人尊敬、被人稱讚、受人懷念……才是美好的人生啊！

在生活中、職場上，難免有意見不同、想法相左，但，我們都是要來「結好緣」的，不是要來「結惡緣」的。

衝突、爭吵、傷害、製造事端、為非作歹……我們睡得著、睡得好嗎？

人緣、好緣、善緣，都是我們的「人際資本、養老基金」。

我們都要學習——「度量大、脾氣小、常微笑、病就好。」歡喜度過每一天。

勵志小語

我們這一輩子，是要來「結好緣」、「結善緣」，不是要來「結惡緣」的。

27

懶，可以毀掉一個人
勤，可以激發一個人

天氣變熱了，可是我辦公室的冷氣，溫度好像不會變冷。我打電話給十多年前幫我裝修冷氣的老闆，請他來幫我檢查冷氣問題出在哪？

老闆隔天馬上來幫我檢查冷氣，他說，沒有冷煤了。只要灌上冷煤就好了。後來，老闆回店裡，拿了一小桶冷煤來，從主機灌進冷煤。

老闆一邊工作，我一邊問他：「新冠肺炎疫情，對你們公司的業績有沒有影響？」

「沒有，一點都沒有！」老闆一邊啃著麵包，一邊跟我說：「我們的生意好得很，每天從早上忙到晚上……你看，我今天從早上忙到現在，已經晚上七點半，還沒有時間吃飯……」

想想也是。新冠肺炎疫情、大家都累壞，讓很多人都窩在家裡，吹冷氣。天氣越來越熱，有的人要修冷氣，有的人要裝新冷氣……冷氣機的銷量，自然愈來愈多。

所以，老闆本人、太太、弟弟、兒子，全家人，都在做「冷氣」這一行；還請了一些員工，一起幫忙、一起賺冷氣這一行的大錢……

—有專業，不失業！

—抱怨沒有用，一切靠自己。

——懶，可以毀掉一個人；

——勤，可以激發一個人。

全家人，同心協力一起靠冷氣、靠專業，賺大錢；看著老闆得意、開心的臉龐，我真是體會到——

「人要勤、不要懶；要專業、不失業。」

我們都要讓自己，成為一個——「搶手的好人才」啊！

只要「勤奮、主動」，就一定會有好運發生。

勵志小語

自棄者，扶不起；自強者，擊不倒。
勤奮、積極，就會有好運發生。

28

我們不一定會贏在「起跑點」，但我們可以贏在「轉換點」

小時候，我在花蓮縣新城鄉出生，三、四歲時搬家到雲林縣二崙鄉，後來又住過台南縣後壁鄉、嘉義縣義竹鄉、雲林縣林內鄉……

從小，我在鄉下長大，沒有唸過幼稚園，唸鄉下學校的成績也都不是很好。而且，從小我也沒有當過班長、副班長、幹部……因我的個性比較內向、安靜、不愛多說話，不是領導型的小孩。

也因我的功課成績不好，所以二次大學聯考都落榜。

真的，我不聰明，是一個一直輸在「起跑點」的人。

直到我唸了三專——「國立藝專廣電科」。

我強迫自己每天「寫日記、朗讀報紙、主動參加演講比賽、詩歌朗誦比賽……」我也主動向助教爭取寒假到中國時報實習、暑假到中國電視公司新聞部實習的機會……

而在校期間，我也主動採訪許多電視公司主管、藝專傑出校友，也把採訪的文章投稿刊登在校刊上。

我雖然沒有唸過「大學」，但藝專三年，卻是我人生的「轉捩點」——也是我生命豐收、令我欣喜的三年。

我不要浪費時間、隨便度日，我要「主動參加比賽、主動參與寒暑假無薪實習、主動認識傑出人士……」

最後，藝專三年級時，我得到「全校演講比賽第一名、臺北縣演講比賽第一名」，也成為當屆畢業典禮「畢業生致答詞的代表」……

也因為這些「轉捩點」，我慢慢對自己充滿信心，前後考了八次托福，才到美國唸廣電碩士、回台以第一名考上華視記者……後來又到美國唸博士、返台擔任大學系主任……

真的，我們不一定會贏在「起跑點」；但只要我們「有目標、有行動、有毅力、肯堅持」，我們就一定可以贏在「轉捩點」。

因為，**「行動，才能創造機會！」**

「勝利總在堅持後！」

勵志小語

對自我信念與目標，「念念不忘、付諸行動」，就必有回報。

29

成敗靠用心，輸贏靠細心

我們是要去攻山頭的，不是去避風頭的

每一個行業，要做到頂尖，都是很不容易的。

我曾受邀到「保德信保險公司」，面對三百名來自全台灣各地的頂尖優秀的業務同仁演講。

這次，大會的主題是《細節》。

哈，很少有主辦單位要求講《細節》的。

可是，細節，重不重要？很重要！細節不注意，態度隨便、不用心，就沒有口碑、就可能達不到業績。

所以，我特別強調──「成敗靠用心，輸贏靠細心。」

其實，在演講的前一天下午，我就到演講會場，與其他的工作同仁，一起做了一小時的「彩排」，把電腦、投影機、音響、麥克風，都做了測試，以免在正式上場演講時，出了問題。

我必須親自做好「細節」，才不會出狀況啊！所以──

用力，自己知道；

用心，別人知道；

細節，成就完美；

認真，榮耀一生。

做保險、幫他人理財，是一項「利他」的神聖工作，但是，也是很辛苦。可是，哪一個行業不辛苦、很輕鬆呢？

所以，我跟台下的保險業務同仁說：

「感動，是成交的開始。」

「隨便，是失敗的開始。」

「成功不是靠奇蹟，是靠累積！」

「我們是要去攻山頭的，不是去避風頭的。」

在職場上要做好「細節」，讓別人對我們有「好口碑」；不要斤斤計較、凡事只在乎報酬多少？

「不計報酬、全心投入；認真做到、你就賺到！」

只要找到自我興趣，勇敢跨進去，讓自己大膽初試啼聲，被肯定、被賞識，就能夠大展才華、被長官看見！

勵志小語

做一行、想一行，行行皆困難；
做一事、終一事，事事皆成功。

30

機會，絕不會留給準備不周的人

抓住生命中的任何可能

以前，我在美國唸書時，我常要求自己——教授要求的作業，要提早一個星期交。

為什麼？因為，我自認自己英文不夠好，萬一自己的作業、報告寫得不好，提早交、教授提早還給我，或許還有修改的機會。

有一次，我的期末考報告，提早一星期交、教授也提早一星期批閱；當最後一周，同學們都交期末報告時，教授就把我的報告交還給我。

這女教授對著全班同學說，「Charles 提早一星期交報告，他的報告內容寫得非常好，我給他 A。現在，我是不是可以請 Charles 到台上來，跟大家分享他寫的報告的內容……」

天哪，我一聽，有點愣住、傻眼了！教授怎麼會給我 A，而且沒有事先告知，就突然要我上台，和同學們分享我期末報告的內容？

此時，我很緊張、但也很開心；我似乎有點「胸有成竹」的微笑上台。

為什麼？因為，我每次交完報告後，我會找一個家教（學校安排的美國學生，來協助外國學生功課上的問題。一小時六元美金，學校付三元、我付三元）。

我總會告訴家教，我寫的報告內容是什麼？我就趁機用英語演練一次……

沒想到，現在教授突然叫我上台，我就很開心、自然的上台，與同學們分享……

此刻，心情真是開心；同學們才剛交報告，而我，已經拿到A的成績；而且，也享受教授的稱讚，以及上台分享的喜悅。

我們都要學習──**「抓住生命中的任何可能。」**也要讓自己一直維持在「備戰狀態」，當機會來臨時，就能信心十足的從容上場。

因為，機會，絕不會留給「準備不周」的人啊！

沒有一個成功的人，會抱怨的說：「我沒有機會。」

「人生，不怕沒機會，只怕沒準備啊！」

勵志小語

只要你的態度是積極的，不管身在何處，你都能「燦爛發光」。

PART 3

美善溝通，萬事亨通

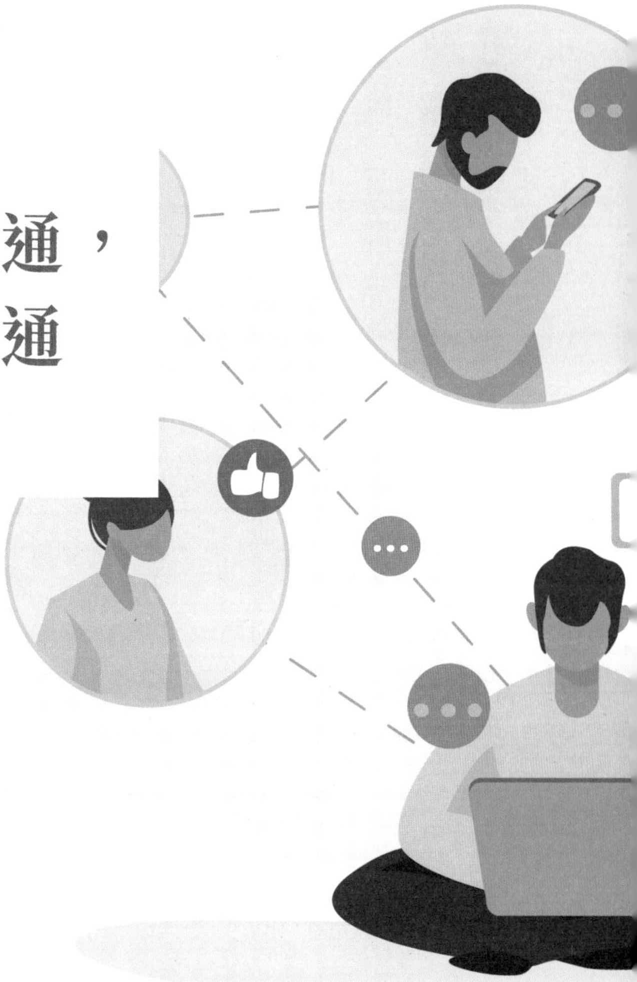

31

溫馨、溫暖的話，讓人歡喜
珍惜每次相遇的機會

人，上了年紀，總是會跑醫院。跑醫院，總免不了要量血壓、抽血、驗尿……

有一次，一位男檢驗師幫我抽血，他靜靜的、不多話，也輕柔的幫我扎針、抽血。抽完血、他幫我用棉花按壓抽血處，也輕輕的看著我、對我說：「老師，天氣冷，請您多多保重喔！」

哇，我一聽，心裡好溫暖、好感動！

我不知道他認識我，應該是看到我「健保卡的名字」，也輕輕的……給我一句——「溫暖的話語」。

也有一次，在不同的醫院；我抽完血，拿著尿管，要到廁所集尿。此時二名女護理人員走了過來；其中一名看到我，很開心、笑嘻嘻地問我：「咦，你是不是那位……戴老師？……我有聽過你的演講喔！」

天哪，我手上拿著「二個尿管」，竟然還有人認出我來。可是，一時之間，我不知道該怎麼回答……只有尷尬的笑一笑！

這時，這名女護理人員對著身旁的同事說：「他就是那位很有名的作家，戴晨志、戴老師啦……」

我的媽呀，我手上拿著尿管，急著要去廁所集尿，妳幹嘛講話那麼大聲啊……真是氣死人了。

上周，也有一次去一家醫院照X光，女護理人員叫我脫掉一些衣服，也笑笑地問我：「請問，你是那位作家……戴晨志老師嗎？」我身上的衣服不多了，脫得只剩下內衣；看著她，我也只能尷尬的笑一笑、點個頭。

就這樣，照完X光，這名護理人員很開心的跟我說：「戴老師，我都有看你的書喔……很高興在這裡遇到你……麻煩你幫我簽個名好嗎？」

我一邊穿衣服、一邊整理褲子、一邊說：「好啊，謝謝妳喔……」

在此祝福大家與家人，都身體健康，不用像我一樣，需要常跑醫

院。

若萬一遇到我「手上拿著尿杯、尿管」，你可以假裝不認識我、也請不要叫我……

（請不要在我手拿尿杯、尿管時與我相認，好嗎？）

或是，你也可以跟我打招呼，跟我說：「戴老師，你變瘦了、變年輕了哦！」

人際快樂溝通嘛，總是可以跟別人，多說一些「好聽的話」呀！

勵志小語

誠心的問候、開朗的笑容與微笑，比「吃藥」更有效！

32

給人肯定、給人讚美，給人鼓勵、給人期許！

高雄有一個現代化的藝文中心，叫「衛武營」。很遺憾的，到現在，我還沒有機會去參觀。不過，在我年輕時，「衛武營」是一個軍營，我就是在「衛武營」度過新兵訓練的。

當時，我從國立藝專廣電科畢業，考上「預官」，就與全台各大學的所有政戰預官，在衛武營接受六周的新兵訓練。

當時，部隊都有舉辦演講比賽。長官詢問：「誰願意參加演講比賽？」

我，就主動的舉手。於是，我在初賽、複賽，都很努力準備、用心練習，也都拿到第一名的佳績。後來，又參加決賽、總決賽……我還是一樣，不斷用心、勤奮練習！

❀

在最後總決賽比賽結束、成績尚未公布時，有一位軍官把我叫到一旁，私下跟我說：

「戴晨志，你不認識我，我是今天比賽的一位評審……我在部隊擔任演講比賽評審，已經很多年。但我從來沒有看過一個學歷不高、身高也不高的人，能夠像你這樣——站在演講台上，很自然、鎮定、面帶微笑、從容流利的演講……你今天的演講比賽表現得很棒，我給你第一名；你要好好努力、繼續加油，以後你一定會表現得很棒、很傑出……」

這名軍官、評審是誰，至今我仍不知道。只是，在我年輕、於衛武營參加演講比賽時，他曾私下給我讚美、鼓勵、打氣、肯定……最後，我拿到了政戰預官演講比賽的第一名。

此事，已隔數十年，我依然記得這位「不知名的評審」，私下、主動給我的「鼓勵、讚美與期許」，心中也充滿無限的感動與感謝。

真的，在言語上，我們可以多多**「給人信心、給人希望、給人肯定、給人鼓勵」**，一定會讓人受到激勵，也更加堅定信念、勇敢的往自我目標「衝刺、前進」。

讚美的話，給人心生歡喜、感動，一輩子難忘！

勵志小語

「讚美他人、口齒留芳」，是激勵人心、為人打氣的最好方法！

33

脾氣來了，福氣就沒有了

學習控制自我情緒與嘴巴

前幾天，看到電視新聞報導——新竹有一對情侶去吃牛肉麵。用餐後，女生不滿牛肉麵裡「只有四片牛肉、還要價90元」，就在離開餐桌、穿外套之際，氣憤的把沒喝完、尚有牛肉湯汁的碗，故意用手「翻倒、打翻」，讓碗中的湯汁，流溢到桌面上……

（店中的監視器，都有清楚拍攝到。）

看到這一幕，在旁的男友來不及阻止，只好在臨走前，趕快向店家致意、致歉！

看到這則新聞，讓我想起年輕時在藝專唸書，一天，與一名他系的女同學，一起到學校後面的一家冰果室，我吃西瓜，她喝木瓜牛奶。

當這女孩喝了一口木瓜牛奶時，很不高興，一直嘀咕：「為什麼這木瓜牛奶，沒有什麼木瓜的味道？」

這女孩不高興的把老闆娘叫了過來，詢問她；此時，平常都認識的老闆娘，一臉歉意說：「最近颱風過後，木瓜產量比較少、比較貴，木瓜可能放得比較少，抱歉，不好意思……」

老闆娘離開後，這女孩還是很不高興，認為喝這杯木瓜牛奶「被坑、被騙」了。

過了不久，這女孩把木瓜牛奶「吸了一大口」，然後，把口中的一大口木瓜牛奶，順著吸管、吐到……整個桌面上……

天哪，我嚇了一大跳！怎麼會這樣？……怎麼會有這種事情發生？……桌面上都是木瓜牛奶……

這時，旁桌還有其他同學。我……我怎麼辦？……我有點被嚇呆了！

看著桌上的木瓜牛奶，我忍住、再忍住，沒講話。

我只有從褲袋中拿出「手帕」，靜靜的把桌上的木瓜牛奶……慢慢吸附、擦拭乾淨……然後，再把「一坨濕答答的木瓜牛奶手帕」，塞放進我的褲袋中。

而後，我起身、站了起來，一言不語，自己一人靜靜、難過的離開，走出那家冰果室……

我直覺的很想「離開」，因我不想再看到——「把滿口木瓜牛奶、吐到整個桌面上」的場景。

（那女孩，後來是怎麼離開的，我不知道。）

憤怒，是片刻的瘋狂。

脾氣來了，福氣就沒有了。

我們都要學習——「控制自我情緒、心境與嘴巴」；千萬不要讓「非理性」衝跑在「理性」的前面。

因為，我們在生氣、憤怒、抓狂時，智商可能只有「五歲」啊！

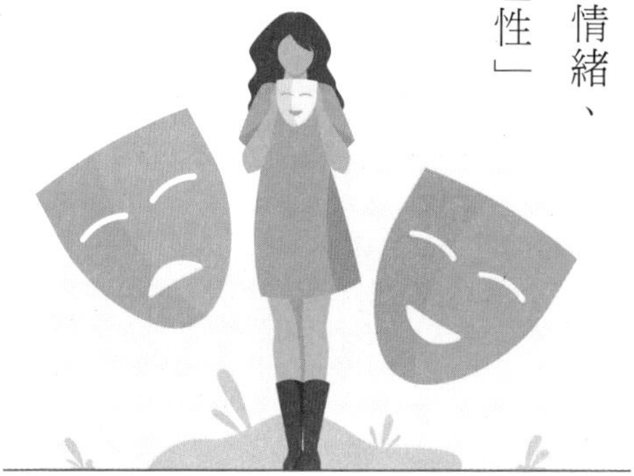

勵志小語

別讓尖酸的話、苛薄的動作，毀了我們的「自我形象」。

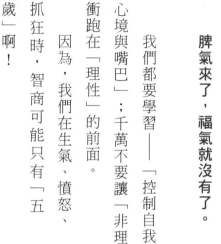

34

凡事感恩、凡事感謝
壞事情，不要記恨一輩子

在台中衛道中學唸高中時，有一次，國文課下課時，班長照例喊：「起立、敬禮、下課……」

過了幾秒鐘，站在前面、年紀超過六十、一口外省腔調的國文老師，很生氣地大喊說：「戴晨志，你過來……」

老師把我叫到外面走廊，當時我一頭霧水。老師很生氣、當眾憤怒的「啪、啪」打了我兩巴掌，並大聲的責問我：「你剛才……為什麼沒有站起來跟我敬禮？……」

那時，我……臉頰通紅……同學們也在一旁圍觀、看好戲！

我是真的沒站起來跟國文老師敬禮，因為，那時我的左腳脫了鞋子，正在穿上鞋子；也可能，當時我覺得，沒有什麼特別必要要站起來……所以，就沒有站起來「向老師敬禮」……

可是，也有一些同學也沒有站起來向老師敬禮啊？為什麼只有挑我一人、打我兩巴掌？

不過，那時我沒有回嘴，只有靜靜的、低著頭……忍受著國文老師的憤怒，和同學的異樣眼光……

後來，國文老師離開了，同學也離開了……我也靜靜、獨自地走回自己座位。

四十年過去了、國文老師或許也不在了……而我，後來也曾經被學校以「傑出校友」身分，受邀回學校，對學弟妹演講。

說真的，這麼多年來，我一直記得「這件事」；但我並不是記恨這國文老師，我反而感謝這國文老師當眾「給我兩巴掌」，把我打醒，也讓我記得——

「滿招損，謙受益！」

我們隨時要「尊敬老師」、「不要輕忽、無視老師」……即使老師的年紀已經大了、滿口外省、不易聽懂的腔調口音。

凡事感恩、凡事感謝！

有人說：**「壞事情，不要記恨一輩子。」**

可是，這件事，我認為是「好事情」。因為，我感謝國文老師的教導、感謝老師的憤怒巴掌、感謝老師提醒我「做人的基本道理」……

勵志小語

學習謙卑待人、感謝師長責罵；
虛心聽取勸言，才是有智慧的人。

35

別用絕情話，傷害我們深愛的人

不要搶著說，要想著說

我曾經受邀到一個近百人的婦女團體演講。演講結束前，有五、六位女士主動上台，分享她們的聽講心得。

其中一位大約七十歲的老媽媽，一上台，拿著麥克風就對著我說：「戴教授啊，我對你，真是相見恨晚啊……我多麼希望，我可以在很早之前就認識你、早點聽到你的演講……」

老媽媽一臉愁容、聲音低沉地說：「大家都知道，我是×××的媽媽（此時，老媽媽說出一女藝人的名字，大家都認識，所以我就姑隱其名）……」

這老媽媽說：「我和我先生，過去經常為了教養孩子的方式吵架；我對孩子比較嚴厲，我先生總是叫我不要那麼兇、不要那麼嚴厲對待孩子……我經常和我先生吵架、吵了四十年……後來，我先生走了、離開人世了……今天，聽了戴教授的演講，我才知道，我錯了……我錯了四十年……我現在好後悔……」

此時，老媽媽一直哭泣、哽咽，眼淚也不停的掉下來。

她拿著麥克風、低著頭，眼睛緊閉著，不敢直視台下聽眾；她低側著臉，看著我說：「戴教授，我如果能夠早點聽到你的演講就好了！我真的錯了……我不應該嚴厲對待我的女兒……就像您所說——

『脾氣來了，福氣就沒有了！』……要溫柔善待自己的孩子……」

當時，我站在老媽媽旁邊，不明所以。

她滿臉淚水，我也一時不知所措，只能輕輕拍著她的背。後來，有人帶頭鼓掌，掌聲熱烈，才緩和現場尷尬的氣氛。

演講結束後，其他會員才告訴我，這老媽媽是個「虎媽」，教育孩子很嚴厲，所以孩子都很怕她，也遠離她，甚至現在都不和她往來……

在演講時，我和大家分享——

「要做個懂得控制自我情緒的『EQ高手』。」

「脾氣愈大，福氣愈少。」

「大話小說，重話輕說，狠話、絕情話，千萬不要說。」

「不要急著說、不要搶著說，而是要『想著說』。」

尖酸、刻薄、傷人的話，我們都不要說出口。

「別用絕情話，傷害我們最深愛的人。」

我們要學習控制自己「易怒的脾氣」、以及「易衝動說出口的舌頭」。

我們要用一顆「溫柔、美善的心」，來對待我們親愛的家人與孩子啊！

勵志小語

靜靜的聽、用心的想、柔和的說；
別讓憤怒的舌頭，衝動的說出口。

36

親情，勝過分數！
別讓孩子失去「自信心」與「自尊心」

我是一個不太會唸書、不會考試的學生。從小，成績就不好，英文、數學、物理、化學……成績都不好。

現在，為人父母。過去，孩子在學校成績如果考差一點，說實在的，我從來不太在意；因為，我知道，我自己以前唸書時，成績更差，我哪有什麼資格去責罵、教訓孩子？

我一直認為——「親情，勝過分數！」

我寧願孩子跟父母的感情，都很融洽、家庭和樂、氣氛美滿，大家天天有說有笑……那是多麼歡愉、快樂的畫面啊！

我，不要一直責備孩子——為什麼英文、數學考不好？為什麼歷史、地理成績這麼差？為什麼「班排名次」，這麼後面、這麼丟臉？

我自己年輕時，二次大學聯考都沒有考上，我真的沒有資格去責備孩子——「為什麼考試成績不好？」

我只希望，孩子每天快快樂樂、健健康康、樂觀、開朗、積極主動、願意學習、多多閱讀、有好的人際關係……

真的，假若孩子的日子，每天都被逼得很痛苦，即使成績進步了，可

是跟父母的親情沒了——「只有冷漠、不說話、在家沒歡笑、感情疏離……」這樣，又有什麼用呢？

真的，**「親情，勝過分數！」**

家庭美滿、和樂，勝過孩子成績頂尖，卻與父母關係疏離、冷漠、家庭沒有笑容！

多給成績不好的孩子，多一些肯定、支持與鼓勵吧！

別讓孩子，從小就失去了「自信心」與「自尊心」啊！

父母的冷漠、沒有笑容，是孩子心中永遠的痛啊！

勵志小語

用溫暖的愛，點燃孩子的心燈；
父母愛的溫馨，是要「用腦、也用心」。

37

千萬別把孩子的信心，全罵光！成績不好，不是孩子的「絕境」

在我印象中，我爸媽從小都沒有在課業上嚴厲的要求我、責罵我，或許是我小時候，是住在在台南後壁、嘉義義竹、雲林林內、斗六鄉下的小地方唸書，競爭沒有像大都市那麼厲害。爸媽好像都沒有責罵我——為什麼成績考不好？為什麼作業沒寫好？

為什麼台中一中、台中二中沒考上，只有考上衛道中學？

為什麼你大學考了二次，都考不上、都落榜？……你丟不丟臉……

已經在補習班補習了一年，怎麼還是考不上大學？……只有唸專科……你是怎麼搞的，這麼笨啊？

還好，我的爸媽，從來沒有這樣責罵我。我很慶幸！

在我的印象中，爸爸一直都是溫和、微笑的跟我講話、沒有責備、沒有斥責，只有「鼓勵、再鼓勵」！

我的成績差，我也沒有辦法！我對英文、數學、物理、化學、歷史、地理……都不太有興趣。我只有「國文、作文」一科，成績比較好。

我小學，書法比賽，得全縣第一、全省佳作。國中，書法、作文比賽也全校佳績。在高中，我作文比賽得到全校第一、全台中市第一。

由於爸媽沒有在課業上嚴厲逼迫我，所以，我也沒有生活得「水深火熱、痛苦不堪」。

還好，我好好發揮「國文、作文、演講」的長才，多年後，也當上華視記者、大學系主任、暢銷書作家、激勵講師；而爸媽，也都以我為榮、為傲！

我好想告訴現在的所有爸爸、媽媽——
「請您，千萬不要把孩子的信心，全罵光！」

孩子不是「天才」、不是每樣學科都要很棒、很頂尖。孩子都會有「缺點」，有「弱項」，需要爸媽的真心關懷、笑容與鼓勵，來激發出孩子的長才！物理、化學、數學、英文……成績不好，都不是「絕境」，也不是「路的盡頭」。

孩子一定還有他們可以生存、活得很好的方式與才華。請多多「相信他、鼓勵他」，不要「責打他、痛罵他」。

要讓孩子——「活得開朗、自信、健康，也懂得溝通、感恩」，才是最棒的啊！

勵志小語

讓孩子的心，從挫折中「看見希望」。
多放大孩子的「優點」，縮小孩子的「缺點」。

38

喋喋不休，多言取厭、輕言取侮
花時間學習口才，也要學習「閉嘴」

年輕時，我比較晚婚，碰到一些朋友時，總是會有些人，比較囉嗦、愛講話，也愛一直問我：「你怎麼還不結婚？」煩耶！

後來，問我「為什麼還不結婚的人」，越來越多……更煩！

所以，當有人問我：「你怎麼還不結婚？」時，我就回答他：「因為，我的屁股長個胎記……」

朋友好奇的問：「你的屁股長個胎記，跟你不結婚有什麼關係？……」

我說：「是啊，那我不結婚……跟你有什麼關係？」

唉，怎麼有那麼多人愛管閒事？愛管別人有沒有結婚？

有一天，我系上的系佈告欄上，出現了一大張海報，上面寫著——「誠徵戴主任師母一位」。旁邊，還寫著師母的「待遇與條件」：

一、月入數十萬，

二、工作輕鬆，

三、免經驗，

四、男女不拘。

哈，學生真是幽默！

不過，古人說：「多言取厭、虛言取薄、輕言取侮。」

一個人，適度的「關心、貼心」，會讓人覺得「窩心」；但若愛多管閒事、喋喋不休、蜚短流長，則令人厭煩。「口舌場中，是非海裡」，我們的舌頭在說話、溝通時，不可不慎啊！

所以，我們要學習——

懂得「說什麼」，更要懂得「不說什麼」。

我們要花時間來學會「說話與口才」，但是，也要花時間來學習「閉嘴」啊。

「相逢，自是有緣；同車、同船，也是緣。」

在與人溝通時，懂得「不說什麼」與「該閉嘴時，閉嘴」，才是一個有智慧的人！

勵志小語

多用幽默、樂觀與喜悅的心，來打扮自己，活出亮麗神采。

39

別剪斷孩子的翅膀，卻又抱怨他不會飛翔

讓孩子獨立自主、展翅上騰！

前一陣子，媒體上有一則新聞——日本有一名三十四歲的女子，是獨生女，在母親的強迫下，一直考醫學院、考了九年。

因為，她母親多年來一直逼迫她：「只准唸醫學院！」但是，這女子成績不夠好，始終考不上，只好一直過著地獄般的重考日子。

而且，這母親不允許女兒有自己自由的時間、沒收她的手機，也

強迫女兒一起洗澡……

女兒被母親控制，過著「監禁般的日子」，也曾三度離家出走，但都被警察找回來了。

後來，女兒實在受不了了、被母親控制、監禁九年了，在忍無可忍之下，這女兒趁母親午睡時，持預藏在房間的菜刀，將母親砍死，分屍丟棄到河邊。

而這女兒事後在推特上發文說道：「我打敗了怪物，我終於鬆了一口氣！」

看到這則人倫悲劇，真是令人感慨萬千！

為人父母，縱使望子成龍、望女成鳳，也「不需要、不能夠」如此自私、無情的操弄兒女的人生啊！

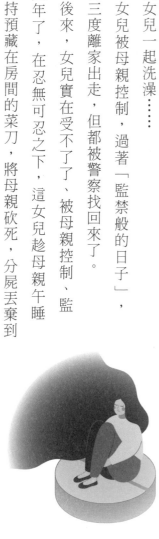

我二次大學沒有考上，我爸媽沒有責罵我、斥責我，也沒有強迫我要「唸什麼科系」……

我自認自己成績差、考不上大學，就只好唸三專——國立藝專廣播電視科；哪裡知道，經過自己的努力、不放棄，後來我當上了電視記者、大學系主任……

人生有很多的可能性，做父母的，並沒有權力要求孩子，一定要按照自己的想法去做。

我兒子曾經應屆考上台大資工系，但上學一星期之後，他說，他要「休學」！

天哪，台大資工系是那麼頂尖的科系，為什麼要「休學」？

兒子面對我與內人，真誠地說，他想唸腦神經方面的科系、不想唸資工，但台灣的大學沒有這方面的科系；而且，他想到美國的知名大學唸書，給自己更大的挑戰。

後來，我與內人同意讓兒子在台大辦理休學，而他也很努力，到某國立大學的相關研究所實驗室，與教授認真做研究、實驗；隔年，他拿到了美國紐約州的一所大學「全額獎學金」，去攻讀與腦神經相關的生物醫學工程。

每個孩子都有自己的興趣，我覺得，尊重孩子的選擇，讓他快樂、歡喜的學習，才是最重要的。

強迫孩子要唸什麼科系，甚至強迫孩子去唸「不喜歡的科系」，孩子學習沒興趣、親子關係破裂了，強迫，又有什麼用？

我們不能「強行剪斷孩子的翅膀，卻又抱怨他不會飛翔啊！」

我們要讓孩子快樂、獨立自主，才能「展翅上騰、歡喜飛翔」啊！

勵志小語

與孩子的親情，是來自「溫暖對話」，不是「冷酷訓話」。

40

教育無它，唯「愛」與「榜樣」而已

以身作則，給孩子最好榜樣

有一次，我應邀為全台的「故事媽媽研習營」上課。在課程的最後十五分鐘，我請現場的三百多名媽媽們，主動上台、分享自己的聽講心得……

我話一講完，就有十多名媽媽，迫不及待的舉手，搶著要上台發言。

其中，一名個子嬌小的媽媽，站到台上來，她有點急、也一直喘著氣……

當她拿到麥克風時，她的手還微微顫抖；她緊張、結巴的說：

「我……我也不知道要說什麼才好……本來，我唸國中的女兒跟我一起來，我叫我女兒出來講，因為，我女兒是戴老師您的書迷；可是，我女兒說，今天現場人這麼多，而且大家都是阿姨，她只是小孩，她說什麼也不敢出來……

我心裡想，女兒不敢出來，我只好自己趕快衝出來……為什麼？因為……如果我自己不敢出來講話，我又怎麼能夠要求我女兒，勇敢站出來呢？……」

這媽媽這麼一講，現場聽眾都給她熱烈的掌聲！

這媽媽神情依然緊張、但十分真誠地又說：

「我真的不知道要說什麼……我站在這裡，還一直發抖……但我希望我能以身作則、給女兒一個榜樣，就是——以後如果有機會，一

定要勇敢舉手、勇敢站到台上……」

這媽媽話一說完，台下的學員媽媽們，又是一陣歡呼、感動的掌聲！

教育無它，唯「愛」與「榜樣」而已。

父母要兒女以後成為什麼樣的人，就要「以身作則」，成為孩子的「好榜樣」。

如果，父母希望孩子勇敢上台，但自己卻是扭扭捏捏、不敢舉手、不敢上台，這樣，如何給孩子一個「好榜樣」呢？

感謝曾經在澄清湖畔的「故事媽媽研習營」、緊張發抖的這位媽媽；雖然事隔多年，我依然記得妳勇敢站出來的「好榜樣」。

勵志小語

用善心美意，來善待孩子，也做孩子的最好榜樣、激勵向前。

41

接納不完美的自己，愛上開朗自信的自我

前一陣子，有一位媽媽來信問我，說她的兒子個子比較矮，心理很自卑，也生氣一直交不到女朋友，該怎麼辦？

其實，我的身高也不高。唸藝專廣電科時，我的身高只有一百六十五公分。不過，我考上了預官，服兵役時，還當了「輔導長」；而且，在每次的部隊演講比賽，我都拿到第一名。

後來，留學美國回台後，我考上華視記者，身高一百六十四點五公分。個子，還是矮小，長不高。

可是，這並不影響我在電視台工作的表現，我還是經常獲得「獨家新聞」的好表現。

其實，過去很多知名電視新聞主播，身高也都不高；而拿破崙、孫中山、蔣經國、鄧小平……等多位世界著名人士，身高也都是不高。而這些偉人，都做了許多對國家、社會，有意義、有價值、有貢獻的大事。

最近，我去體檢，護理師說我的身高——一百六十三點五公分。

唉，人越老、人會縮水、身高越矮啊！

我們每一個人，都很渺小、微不足道。不能改變生命「長度」，但要改變生命「寬度」。

不能改變外在的「天氣」，但要改變自己的「心情」。
不能改變自己的「容貌」，但要展現自己的「笑容」。
不能改變自己的「身高」，但要控制自己的「體重」。

同時，我們也都要——
接納「不完美的自己」，愛上「開朗自信的自我」。

只要我們有溫暖的溝通力，就能讓生命「無往不利」；
只要我們懂得真愛與美善溝通，就能讓美好的感動「深植心中」。

勵志小語

希望不會放棄我們，只有我們會放棄希望。
要「看好自己」，別放棄、看衰自己。

42

嘴角上揚的人，一生福氣多
微笑的聲音，是最有穿透力的

每天，我們都在和他人面對面溝通，或是講電話。

當然，每個人都有自己的情緒、個性，也有說話時的「當下心情」。

有些人在與他人說話、溝通時，嘴角是上揚的、是歡喜的、是開心、喜悅的……

但是，也些人在說話時，臉部是沒有表情的；或是，嘴角是往下的，語氣是冰冷的、平淡的、有氣無力的……

其實，**「嘴角上揚的人，一生福氣多！」**

說話時，嘴角要上揚，讓別人感受到我們的心情，是「歡喜、開心、歡愉的」，別人也會被這愉悅的氣氛所感染，也會增進彼此之間的感情。

而在電話談話、溝通時，對方看不見我們，但我們也要提醒自己——「要嘴角上揚、要面帶微笑！」

因為，**「微笑的聲音，是最有穿透力的！」**

對方即使看不見我們，但是，我們嘴角上揚、微笑的聲音，一定會讓對方感受到——「快樂的心情與美好氣氛」。

勵志小語

用一身的微笑與朝氣，迎向陽光。
常心存感謝與善念，就能看見美好。

43

別憤怒，要多看到孩子的好！心平氣和的教導孩子吧！

有些孩子都曾偷改分數，或偷改答案，而要求老師更改成績。為什麼？因為怕成績太差，回家被爸媽的罵。

我自己從小成績就不好，大學聯考英文考十一分，數學考八分，其他成績也都不好，所以連續二年沒考上大學，只有念專科學校。

也因此，我自認「我沒有資格去責怪孩子成績不好」。孩子如果成績不好，可能是遺傳到「我的基因不好」。

其實，父母是「情緒教育」的活榜樣。

「脾氣來了，福氣就跑掉了！」

我們都在學習——「要多看孩子的好，不要一直盯看他的不好。」

畢竟，孩子不是全才的、全能的，不可能每一科成績都是很好的、最棒的。

只要「孩子樂觀、開朗、積極學習、喜歡閱讀、心地善良、笑臉常開、樂意助人……」我覺得，這樣就很棒了。

過度嚴厲的處罰或斥責，會讓孩子失去信心；我們要不斷培養孩子（或自己）的自信心啊！

所以，「心平氣和的教導孩子吧！」

因為，孩子的心，一定會暗自的想——
「爸、媽，你們也多笑一笑嘛……你們罵人的時候，臭著臉，樣子很可怕，你們知不知道？……你們笑的時候，比較好看啊！」

親子之間、人際之間，都需要「多看到對方的好」，而給對方多一些鼓勵與打氣。

我們要用「彩色的眼光」，多欣賞對方，不能用「有色的眼光」，去批評、看待對方啊！

勵志小語

沒有心的愛，只是一種「礙」；
溫馨的愛，是孩子的「信心加油站」。

44

懂得贏，也要懂得輸
懂得愛與包容，才能真正的贏

「忍」，這個字——是心的上面，有一把刀；即使心上有一把刀，還是要吞忍下來。

「侶」，這個字，是兩個口——一個小口，一個大口。

情侶吵架時，如果兩個人，都是「大口、都是大聲、憤怒、高亢」……那就是極大的危機了。但，如果一個是「大口」，一個願意「小口」，就能漸漸化解危機、慢慢相安無事。

「我」，這個字——左邊是「手」，右邊是「戈」。

你知道嗎，每個人手上都拿著「刀戈」來自我防衛；誰侵犯到我、誰欺負到我、誰批評到我、誰惹怒到我……我的手，就會拿出「刀戈」來反擊！

哈，這就是我們老祖先「造中文字」，以及中華文化的智慧，很有意思。

人，都是自我的。但是，拿刀戈、口舌來「反擊、反弒、反挫攻擊」，不一定都會贏。

我們在溝通時——懂得「贏」，也要懂得「輸」啊！

懂得「愛」、「懂得包容」、「懂得在口舌上讓給對方、輸給對方」，我們才能真正贏得親情、感情與友誼啊！

溝通時，圓滿和氣，就能分享「加倍福氣」。

勵志小語

將心比心、角色互換，
也多學習「常體諒別人的感受」。

45

罵人的話，像一把飛刀、刺痛人心
要適時多說「漂亮的話」

人與人之間、情侶或夫妻之間，經常會有衝突、吵架的時候。每一次吵架、衝突，就像一張紙，會被撕裂一點。

若吵得越兇、次數越多，紙，就會被撕裂得越大，最後可能會被「撕裂成兩半」。

其實，「愛」一個人很容易，但，要「忍讓他」，卻很難。

尤其是，「要忍讓他一輩子，更難！」

也因此，在「說話、溝通」時，就很重要。感情的事，常常是無解的，只能多多「包容、體諒、忍讓」。

同時，在溝通時，要常常記得：

「話到嘴邊，留三分。」

話說得太快、沒有經過大腦思考，是

「會惹禍的」。

所以，說話之前，要記得——「不要一直急著說、不要快嘴搶著

說，而是要思考、慢慢的想著說。」

因為，傷人的話、罵人的話，像一把「飛刀」，會刺痛人心。

「說話，是沒有橡皮擦的；說話，是沒有立可白的。」

我們不能把說出去的話，擦掉、塗掉。

我們也不能在把話說出口、發現傷害到別人了、惹禍了、觸怒

別人了，才趕緊說：「我說的話，不算、不算，收回、收回……」

說出的話，即使口頭上「收回了」，但對別人的傷害，卻已經造成了，對方的心還是會「不愉快、有芥蒂、有嫌隙、有心結……」

❋

所以，在溝通時，記得要提醒自己——

少一些「挑剔、嫌棄」，多一些「肯定、尊重」，也要「多看到對方的好」。

要多適時說出一句「漂亮的話」；

也要及時打住一句「不該說的話」。

我們千萬不能——「讓無心話，傷害有情人啊！」

勵志小語

冰冷、否定、嫌棄的話，是會傷人的；
真心相待、溫柔回答，能使怒氣消退。

PART 4

挑戰自己，掌聲響起

46

放棄，只要一句話；成功，卻需要許多用心與付出

前一陣子，有一個社區成長團體邀請我演講。邀請人說，他們只有三十多人左右，講師費也很少，但很希望我能前往為他們演講。

我想了一下建議她說——

一、妳可不可以找附近的小學、國中的家長會，一起合辦，這樣，參加演講會的人數就會比較多。

她回答我：「我不認識任何學校的校長或家長會長……」

二、妳可否請當地的婦女會、家長會，或任何社團，一起合辦……

她回答我說：「我也不認識任何婦女會或其他社團。」

三、妳是否可以詢問當地的里長，一起合辦，也邀請里民一起來聽講、一起學習成長……

她回答我說：「我也不認識這裡的里長。」

四、我說，妳也可以選擇「放棄」。

她，回答我說：「好，我選擇放棄！」

聽到這裡，我真的感到「開心」，心中也放下了一顆大石頭。

我提議什麼，妳都說什麼「不認識、不嘗試、不去努力動一下、嘗試一下」，就一口回絕，而只要輕輕鬆鬆的，口頭邀請我去為妳們少數人演講。

妳選擇放棄，我真是高興啊！

其實，我二十多年來，在海內外演講三千多場次，身體奔波、疲累、狀況也不太好；我知道，我不能每一場演講邀約都答應，我的身體、聲音都需要好好休息、休養……才能走更遠的路、為更多的朋友分享啊！

但是，只要「有誠意、肯用心付出、肯邀請更多聽眾前來聽講」，我也樂意特別撥空前往。

相反的，假若承辦人或邀請單位，「人數少少的，既不願付出、也不願擴大邀請聽眾參與……」，那麼，非常抱歉，我真的無法一一都答應啊。

因為，我體力有限、不能勞累奔波；我需要取捨、要節制。而她選擇「放棄」，我也樂得輕鬆、沒壓力。

人的一生，做任何事——

「放棄，只要一句話；

成功，卻需要許多的用心付出和努力！」

勵志小語

成功常出於有膽識、有行動的人，
很少歸於心膽小、不行動的人。

47

好運，就是機會來臨時，你已經做好萬全的準備！

美國知名深夜談話節目主持人賴瑞金（Larry King），在二〇二一年一月二日感染新冠肺炎，而在一月二十三日不幸過世。

賴瑞金原本就有心臟病的宿疾，加上新冠肺炎確診，最後不敵病魔、病逝醫院，享壽八十七歲。

賴瑞金出生在美國紐約布魯克林區的猶太家庭，父親早逝，母子三人家境貧窮、依靠政府發給的社會福利金生活。

賴瑞金高中畢業後，就開始工作、賺錢養家。也因賴瑞金對「廣播電視」有興趣，所以他在一九五七年，就到佛羅里達州的一家廣播電台，負責清潔、打掃與雜務的工作。

有一天，電台的一個節目主持人突然離職、不幹了……怎麼辦？……現場節目就要開天窗了！

這時，賴瑞金被電台經理指定，臨時上場代打、主持這一集的節目。

其實，賴瑞金的本名是——勞倫斯．哈維．吉格（Lawrence Harvey Zeiger），但經理嫌他的名字太長、太難記、聽眾不會有印象，所以，立刻幫他取了一個藝名；後來賴瑞金選了「金」，也就是「國王」的意思……

也因此，賴瑞金臨危受命，坐上播音室的麥克風前面，從容不迫的主持、對著聽眾談話；也因賴瑞金的臨時、意外代打，表現得不錯，讓電台經理留下深刻的好印象。

一九七八年，賴瑞金從小電台，躍上全國性的廣播，也開闢了「賴瑞金秀」，逐漸打開全國性知名度。

一九八五年，他又在美國有線電視新聞網（CNN），開始主持「賴瑞金現場」節目，時間長達二十五年；他訪問了無數的知名人物、政要、藝人……是CNN最長壽、也是最受歡迎的節目，曾經創造每天晚上超過「百萬人收看」的記錄，也名列金氏世界記錄。

機會，在哪裡？……好運，在哪裡？

「所謂好運，就是機會來臨的時候，你已經做好萬全的準備！」

「機會，就在行動裡。」

「人生不怕沒機會，只怕沒準備。」

賴瑞金從年輕時，就知道自己的興趣所在，選擇在小電台，做清潔、打掃、雜務的工作；他深深期待，有一天，他也可以成為一個廣播節目主持人——「余可以取而代之也。」

人，不怕沒機會，只怕自己只有「想、空想」，而沒有「實際行動」——要不斷的自我訓練、鍛鍊、磨練，並等待機會出現。

只要有勇氣，不怕沒戰場！

只要有行動、肯挑戰，人生就會有漂亮「舞台」啊！

勵志小語

上帝給我們一項「困難」，也必會給我們一份「智慧」。

48

當一隻令人刮目相看的青蛙
別在意別人的「毒舌頭」

有一群青蛙，辦了一場比賽——看誰最快跳到山丘頂上？

這些青蛙興致勃勃的在起跳線上，等待。當比賽一開始，每隻青蛙都努力的往山丘上，奮力地跳。

其中，有一隻「身材有點醜醜胖胖的青蛙」努力往前跳時，旁邊就有其他青蛙嘲笑牠：「你長這麼醜、這麼胖，不可能得名的啦……哈……」

可是，這隻醜胖的青蛙，頭也不回的繼續往前跳！

接著，又有一隻青蛙對胖青蛙說：「你真的是白費力氣，你這麼胖，跳這麼慢，怎麼還來參加比賽……怎麼可能得名呢？……真是好可笑！」

可是，這隻醜胖的青蛙，還是眼睛專注前方、滿頭大汗、不願放棄的一直往前跳……最後，這隻身材醜胖的青蛙，最快跳到山丘頂上——「得到了第一名」。

為什麼？因為，牠是一隻——「耳聾的青蛙」。

牠聽不見別的青蛙，對牠的嘲笑、譏諷與奚落……

牠只有專注自己的目標，全神貫注的勇往直前、向前邁進……

在人生道路上，很多人「看不起我們、嘲笑、奚落我們，甚至打擊、陷害我們、欺負霸凌我們……」

但，我們的心，要當一隻「耳聾的青蛙」。

我們不能一直在意別人的「舌頭」，尤其是「毒舌頭」。

我們的生命、前途，都是掌握在自己的手中啊！

我們都要「擺脫自卑的心態」！

不管別人任何的嘲笑、打擊、欺負我們……我們都要勇敢壯膽、勇往直前、壯大自己，朝著自己的信念與目標，奮力前進！

因為，當我們努力、勇敢的往前邁進時，那些嘲諷、譏笑、欺負我們的人，都會「遠遠落後在我們後面了」。

勵志小語

不同的「心態」與「信念」，決定不同的未來與命運。

49

只要你說能，你就一定能

勇敢嘗試、持續演練，就是高手

一路走來，因為我的工作，就是「寫作、演講」，所以累積了不少粉絲，以及支持我的讀者、朋友。

由於大家的愛護，曾經有不少朋友建議我，可以「開班、授課」，來幫助、嘉惠年輕人。

可是，我自己自由慣了，也考慮隨時都有不同團體、公司、學校的演講邀請；再加上我不擅於招生、租教室、處理行政作業等瑣事，所以，我從來就沒有正式「開班授課」。

不過，倒是有一些有心人士，在朋友的推薦下，來找我「私下上課」。

例如，有人要出來選市長、選立委，就私下找我來上課、演練演講技巧；也有大老闆，在商場、職場上賺了大錢，也受邀在團體中上台演講；可是，這大老闆很緊張，求助我說：「不知道自己該如何上台演講？」

經過朋友的介紹，候選人、大老闆來我辦公室聊天、討論，也聽我建議、回家演練；過了一周、二周後，再不斷來我辦公室親自演練……

一個人，只要有心、肯學習、肯練習，沒有不會上台演講的事。

其實，還有一些政府首長、官員、

牧師，也私下來找我協助、幫忙，並且虛心學習，讓自己上台表現得更好、更傑出……

真的，一個人——

能改變你的人，只有你自己。

只要你說能，你就一定能，別說不可能。

只要有心、有願、有行動，就有力量。

只要願意主動求教、虛心學習，我們都可以不斷提升、蛻變再現！

只要願意開口、勇敢嘗試、持續演練，就一定會有收穫、成為高手！

因為，**「機會，是屬於一心想贏、努力不懈的人。」**

「人生最大的喜悅是——每個人都說你做不到，你卻做到了。」

勵志小語

成功，往往住在失敗的隔壁；
再多一點忍耐與堅持，就會成功。

50

敬業樂群、使命必達
心不難，事就不難

夏天的天氣非常酷熱，氣溫甚至高達三十七、三十八度。我開著車子，車內溫度可調到二十四、二十五度的舒適溫度。

可是往車窗外一看，一名郵差先生，大熱天，戴著安全帽、口罩、騎著摩托車、穿著綠色長袖制服，穿梭在大街小巷內，而他綠色制服的背——「已經完全濕透了！」

此時，我的心一愣。天哪，好辛苦喔！

這名郵差先生，摩托車的龍頭上，還放著、頂著大小堆的郵件；握著機車手把的左手，也還緊緊壓著一疊信件。

而他的摩托車後座，也還綁著一個大塑膠箱子，裡面還裝放著一大堆郵件，騎著摩托車，一家家的去分送……

天氣，高溫像烤爐一樣！但滿頭大汗、全身濕透，載著滿車郵件的郵差，有時會遇到惡犬，有時會遇到交通事故、意外……

然而，他們「敬業樂群、使命必達」的精神，讓坐在車上的我，感動、佩服不已！

一個人，「心不難，事就不難！」

在此，謹對全年辛苦、勞苦功高的郵差先生，致上最深的敬意與謝意！

戴晨志／攝影

勵志小語

認真做好每件事，就能成就「美麗人生」。
用心態度，決定一個人的高度。

51

最堅強的靈魂，是從苦難中，堅毅培養出來的

在演講會中，我曾投影出一句話——「挫折使人謙卑，流淚讓人看見。」

有些聽眾問我：「戴老師，這句話，是什麼意思啊？」

是的，這句話是什麼意思？我也反問一些現場的聽眾……

君不見，現在台灣的演講會，愈來愈少？現場願意來聽演講的年輕人，也愈來愈少？

多少年輕人，找不到工作？就業待遇很低，或是工作後不久，遇

不景氣，就被裁員了……多少人，直到「遇見挫折」之後，才會學習「謙卑」下來！

人在平順、安逸、沒挫折時，是比較自我、驕縱，少去體會——要如何「學習謙卑」、「學習多傾聽前輩的指導」、「多開口請教、多聆聽專業老師的演講」……

許多教授受邀在大學校園的演講，大學生常是「零零星星、愛來不來」……或是，來聽演講，「心不甘、情不願」，都選擇坐在「會場後面」，好像是「被強迫而來」的。

可是，我在保險公司、直銷公司、仲介公司、科技公司……的商辦演講，前來聽講的人，大家卻都是「搶坐在前面」。

為什麼？因為，許多在職場上的專業學習，是「要付費的」，是要「找最好的位子」坐的；坐在後面，常是看不見、無法和講師互動的。

是的，「挫折使人謙卑！」

許多人不懂得主動學習、心態隨便、馬馬虎虎，直到挫折降臨、沒有工作、被裁員、失業了……才會後悔、才會想起，要謙卑——要把握機會、積極主動學習啊！

當失去工作、沒有收入、生活頓失依靠、流下傷心痛苦的眼淚時，才會發現——自己過去的無知、不努力學習、以及心態上的「輕鬆隨便、態度散漫與高傲」。

「**挫折使人謙卑、流淚讓人看見**」，真是一句讓我們省思、警惕的話語啊！

勵志小語

想成功的人，沒有悲觀的權利。
用毅力與堅持，來點燃生命的希望。

52

常跟有夢想的人在一起，你就會發現，自己的人生充滿希望

交朋友，很重要。有些人，喜歡吃喝玩樂，吃完這攤，還要異地續攤、喝酒……

我不曾上過夜店、酒吧，但有些人常喜歡上夜店尋歡；也有些人喜歡相約去KTV唱歌，通宵達旦，甚至與人互看不順眼、口角衝突、大打出手。

最近，看到報載——有年輕人為了專注於國考，以破斧沉舟的決心，把「臉書、IG」全都刪除；不滑手機、沒有玩樂，只與好友一

起到圖書館專心K書，全心全意的準備考試、備戰……

在狠狠克制自我、苦讀一年後，這女生「高考、普考」，全都考上、金榜題名！

這，是多麼高興、多麼光榮、多麼令人雀躍、歡喜啊！

有一種功課，叫看好自己；

有一種熱情，叫挑戰自己；

有一種選擇，叫堅持到底；

有一種喜悅，叫掌聲響起。

在我們失去勇氣、目標與方向時，我們需要一位嚴格的教練，與充滿正能量的朋友，來幫助我們度過難關、大步向前。

「路，能走多遠，看你跟誰一起走？」
「別讓沒有夢想的人，摧毀你的夢想啊！」

想想，你常跟誰在一起？是在「廝混鬼混、浪費時間」？還是一起「互相砥礪、彼此鼓勵」？

我深深相信——「常跟有夢想的人在一起，你就會發現，自己的人生充滿希望！」

勵志小語

沒有夢想，就像是在海上沒有目標的帆船，不管吹什麼風，都不會是順風。

53

「勤奮、節儉」，讓我們擺脫貧困
欲望與貪婪，讓人陷入貧窮的困境

有一次，已故大企業家王永慶先生因經常晨跑而瘦了、腰圍變小了，西裝也顯得不太合身。

他太太請一名裁縫師，到家裡來給王董事長量身材尺寸，準備訂做幾套新的西裝；不料，王永慶突然從櫃子拿出「五套舊西裝」，堅持請裁縫師幫他「把腰身改小就好」。

王永慶董事長說：「既然舊西裝都好好的，改一改就能穿了，何必浪費錢再做新的？」

由於王董事長的堅持，他的舊西裝都「只再修改一下」，並沒有花錢訂做新的西裝。

前一陣子，我把一雙自己喜歡的舊球鞋，拿到修鞋店，請老闆幫我在球鞋底下，加上一層鞋底。

這雙球鞋我已經穿了四、五年了，但只有鞋底有些破損，我捨不得丟棄。

修鞋底老闆說，費用五百元。

我說：「好！」

至少比買一雙新球鞋三千多元，便宜多了。

節儉，是個好習慣。

能省，則省，不要鋪張、浪費。

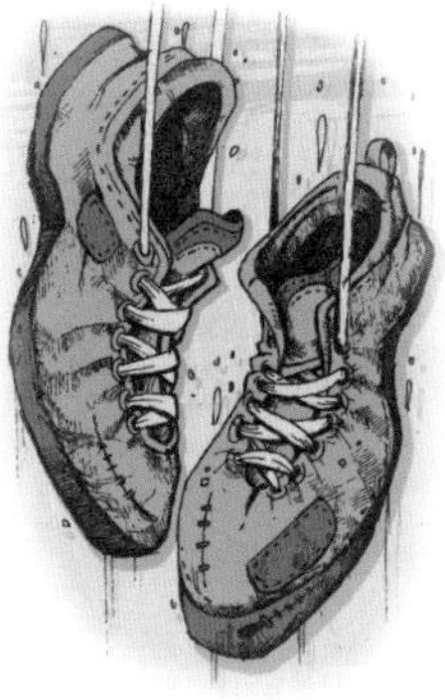

我最近身高縮水、變矮了，所以西裝、西裝褲也都拿去修改，不必去訂做新的。

人家家產億萬貫的王永慶董事長，都那麼勤儉、節省了，我算什麼呢？我哪有資格浪費金錢呢？

我平常受邀上台演講時，也都是穿一般舊的西裝，以及用了十多年領帶；我相信，聽眾們來聽我演講，是希望聽到「好的演講內容」，而不是「看我穿什麼好衣服」。

我們的「欲望與貪婪」，若是不節制，有一天，就會陷入「貧窮」的困境。

勤奮工作、節儉、杜絕揮霍，可以讓我們擺脫「貧困」的境地。

幸福，不是你身上「有多少錢？」
而是，你的快樂笑聲「有多甜」？

減少貪婪、欲望與揮霍，

多說好話，人就歡喜；真心助人，人就幸福、快樂。

勵志小語

勤勉，是幸運的右手；節儉，是幸運的左手。 ——莎士比亞

54

多多善待別人、幫助他人
做一個「令人真心懷念的人」

曾有一陣子，陸續有各地的讀者向我反應、告知——有人用假帳號、利用我的名字「戴晨志」、「Dai Chenzhi」的名義，向廣大的粉絲讀者們，進行陷阱詐騙。

他們以「可以獲得一萬元新台幣」為餌，誘騙讀者們進入他們設下的假臉書，進行騙人的詐騙行為。而且，這「假臉書、假帳號的所有文章、照片」，都剽竊自我的臉書粉絲團。

後來，我在臉書粉絲團中提醒各位讀者、粉絲們——千萬不要進入對方的假帳號、臉書，以免被不肖分子詐騙得逞。同時，我也向警方報案，請求幫忙處理。

感謝警方的幫忙，以及臉書公司的協助，一天後，「冒用我的名字出現的假帳號、假臉書」，已經被停權、下架了。

事情解決後，我才鬆一口氣、放下心來；也希望大家都很有警覺性，沒有被歹徒詐騙。

很感慨現今的社會，很多年輕人頭腦很聰明，卻不走正道，而選擇走行騙、詐騙之歪途。

有些人一時不察，一生積蓄被詐騙了。可是，詐騙的人，你騙人很多錢，你有良心嗎？你心安嗎？你睡得著覺嗎？

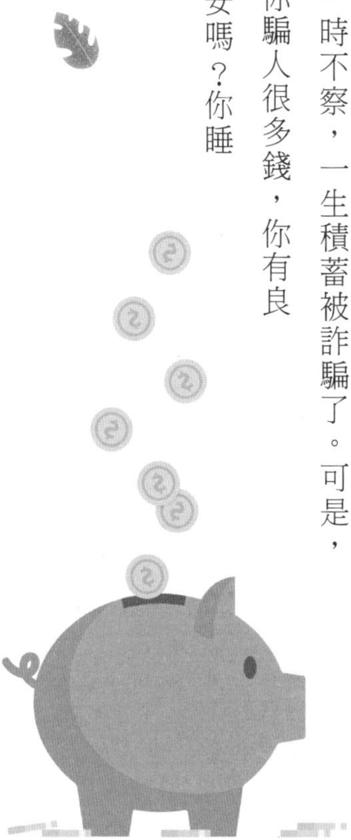

人，一生的歡喜與成就，並不是以「金錢」來衡量。

而是在一生之中，你「善待」過多少人、你「幫助」過多少人？……有多少人「真心懷念你」？

我們也許經濟小康、或貧困，但是，行事正派、以禮待人、家庭和樂；

每天也都心安理得的睡著，不與人衝突、不詐騙他人、熱心助人；這，是多麼心安、快樂、幸福啊！

或許，我們一生不能做出什麼偉大事業，但，我們都可以做到——

多多善待別人、幫助他人，也做一個「令人真心懷念的人」！

勵志小語

生命這齣戲，是好、是壞……？
我們自己就是「導演」兼「演員」。

55

專注於一個專長，勝過於千百個專長

我一直覺得，我不是一個很聰明的人。學生時代，功課不好，考不上大學，各學科的成績都不好，唯獨一科比較好的，是「國文」、「作文」。

以前，在國立藝專廣電科唸書時，我強迫自己天天寫日記，寫了三年，也養成「敏銳觀察、快速整理思維，也懂得快速文字布局、下筆……」沒想到，我後來寫了五十多本書，在海內外銷售近五百萬冊。

另一個喜好與專長，是「上台演講、分享」。

每一次的演講，不管是在海內外，我都認真準備、練習；因為——

「金盃、銀盃，不如別人的口碑。」

別人對我們的「口碑與肯定」，才能讓我們的專長「被看見」、「被口耳相傳」啊。

如今，我身為一名受邀在各地演講的講師，總是讓台下的聽眾，盡量能做到「五到」——

「眼到」——用眼看見我用心準備的視覺投影畫面。

「耳到」——聽到我在台上的口語分享內容。

「手到」——每個聽眾都專心記錄下很棒的佳言、詞句。

「心到」——專心、心無旁騖的在學習中，認真聽講。

「口到」——我讓現場聽眾，能把名言佳句一起朗讀、覆誦。

做到這「五到」，相信台下的聽眾，是歡喜的、是有收穫的。

（也有朋友跟我說，還要加上「兩個到」，就是——「知道」，還要「做到」。）

「專注於一，才能拿第一！」

「專注於一個專長，勝過於千百個專長！」

我們認真做好一項專長，讓人肯定、讓人稱讚、讓人口耳相傳，勝過於我們千百個不太擅長的專長啊！

勵志小語

小處常改善、大處不會爛；
小成就，常是大成功的起步。

56

少一些抱怨，多一些感謝
身在彩虹中的人，常常看不見彩虹

昨天，台北下了一場大雨，雨勢很大，也下了一整個下午。

我開車在市區，看到人行道上，有一名中年視障男子，左手撐著傘，右手拿著「盲人手杖」，在不小的雨勢中，獨自、緩緩、小心的向前邁進。

我坐在車上，看到這一幕，心裡一陣酸楚；也隨手拿起手機，透過「滿是雨滴」的玻璃，拍下這張照片。

這位視障盲胞朋友，應該是有什麼事情，所以在大雨之中，他輕輕地左右揮著手杖，往他要去的方向前進。

他有「目標」，所以即使下雨、即使看不見，他依然勇敢的邁步向前……

戴晨志／攝影

有一句話說——「**身在彩虹中的人，常常看不見自己身邊的彩虹！**」

是的，我們都很幸福！我們可以看得見，也可以跑、可以跳、可以唱、可以吃、可以笑、可以哭、可以旅行……

可是，有些人他們不行、他們有很多痛苦與不幸……

我曾到一些眼睛看不到的「盲校」去參觀；這些盲生，不只是看不見，有些還是「多重生理、肢體障礙」。

不過，他們在志工及老師的栽培、鼓勵下有人學會拉小提琴、有人會彈鋼琴、有人會唱歌……他們還組成一個合唱團，也常受邀到各地去表演。

我們可以學習——**「多一些感謝、少一些抱怨！」**

因為，我們所擁有的幸福，已經比別人多很多、很多了！

勵志小語

「不要看我失去什麼？只要看我還擁有什麼？」——凡事多感恩。

57

不學不會，肯學就會
有專業，才不會失業

唸大四的女兒，看到哥哥在二年前，一次就考上「駕駛執照」，就躍躍欲試的去駕駛訓練班，練習開車，也想考駕照。

可是，幾周前，她在S彎道時太緊張，輪胎壓到白線、被扣分，正式考照，沒通過，也讓她很難過。

上周，她再去考一次；這次她「小心翼翼、沉著鎮定」的開車，盡量避免出錯，終於成功的通過考試，也高興得跳了起來！

昨天回家時，看到她拿到了「熱騰騰的駕駛執照」，真是替她感到高興。

人就是這樣——

「不學不會，肯學就會。」

心情緊張，就會壞事；

沉著面對，就有好事。

哥哥聰明、資優，拿到全額獎學金到美國紐約州唸大學；不過，女兒在台北也唸國立大學英語系、畢業了。

在新冠疫情中，很多人不幸沒有工作、失業，但女兒因為英語系的專業，一周有「四個英語家教」，基本收入還不錯。

也因女兒教學績效不錯，學生的英文成績都大幅進步，讓她自己很有成就感、家長也很滿意，甚至還幫她轉介紹想要英語家教的學生；只是女兒不想占用太多時間，而婉拒。

最近，女兒也利用週末到電視台舉辦的「記者訓練班」去上課。以前，我教她練習唸稿、播音，她總是嫌我「太嚴格、太挑剔」；但是，到電視台訓練班上課幾次，回來後，竟偷偷跟她媽媽說：「爸爸真的很厲害，訓練班老師說我的很多播音缺點，爸爸之前也都是這樣說我……」

哈，女兒也知道，她爸爸以前是以第一名成績考上電視台記者的。只是，俗話說：「近廟欺神」啊！

現在，女兒對我比較「服氣、信服」了。她現在常練習播音、錄音，要我給她指正，也不再嫌棄我「太挑剔」了。

其實，若是有嚴格、挑剔，也都是為她好。因為——
「嚴格，也是一種慈悲啊！」
「有專業，才會不失業啊！」
這幾天，在我的挑剔中，女兒也壯大膽子與勇氣，勇敢的坐在我旁邊，大聲、沉著、鎮定的唸著新聞稿給我聽；而我的耳朵，也聽到了——她的認真、專注、用心與進步……

人，只要願意「轉身面向陽光」，陰影就會跑到你的——後方。

堅定信念與方向、勇敢面對，前面的道路，都會是美好的。

勵志小語

成功，是優點的最大發揮；
失敗，是缺點的不斷累積。

58

挫折就像維他命，不一定好吃，但能讓我們快快長大！

有些人問我：「戴老師，你的臉書粉絲團，怎麼有那麼多的故事可以寫？……演講時，怎麼有那麼多的故事可以講？」

其實，我每天都在「閱讀、觀察、記錄、動腦筋」。

我一直在——「用眼看見特殊，用筆記錄情懷。」我時常在「用腦思考」、「用筆做筆記」，否則，怎麼會有那麼多的故事呢？

我不會做大生意、不會做業務、賣產品……我每天思考的是——哪些故事、事件、新聞感動我？我如何轉化成為一篇篇「感動人心的文章」、「充滿希望的文章」，來與讀者、聽眾分享？並且給予大家更多的「激勵與正能量」？

而我，身為一名「文字作者與講師」，我的工作與使命，就是——傳遞更多的「正面思維與正能量」給大家。

我每天費心、絞盡腦汁的思考——我今天要跟讀者們分享什麼？

平常，我沒有什麼「應酬」，我有點像「呆瓜」一樣，沒有什麼上班、下班時間，獨自在自己的辦公室中，大量閱讀、安靜自己、靜心思考，也拿出平日寫的記錄本子、剪報資料，強迫自己——總是要想出一些點子、概念或故事，來與大家分享。

這，大概就是我戴晨志的「人生使命」吧！

人生，就是要有「使命感」，才有「成就感」與「幸福感」。

我們都不能平庸一輩子。我們都不能「看破」、要「突破」。

人在痛到極限時，就要改變；但，要「改變」，就要「敢變」；就要不斷學習，也要鍛練、磨練自己。

過去，你我的成長過程之中，都有很多挫折；不過，挫折就像是「維他命」，它不一定好吃，但卻很有用，也會讓我們快快長大。

不是嗎？

勵志小語

跨出去的腳步，大小不重要，重要的是「方向與目標」。

59

挑戰自己、成就自己、榮耀自己口才魅力，是訓練出來的

多年前，在電視新聞上，看到一名新女主播的面孔，我心想：「咦，她不是我以前教過的學生嗎？」

是的，看她的名字、她的臉孔，是她，沒錯！

可是，她怎麼可能當上電視記者、主播……真的，我很難相信；因為，她剛唸口語傳播系時，在我的「演講學」課堂上，是一個非常害羞、不敢上台講話的學生。

我記得有一次，輪到她上台演講時，她一站上台，就全身發抖；

甚至講不到一、二分鐘，她就講不下去，最後，她哭喪著臉、流淚難過的走下台去。這一幕，還深深烙印在我腦海裡。

然而，幾年不見，她竟然勇敢突破自己、考上電視台，當上電視記者、主播……天哪，真是太不可思議了！

我萬萬沒想到——一個過去不敢上台的女生，竟然會「突破困境、不斷自我鍛鍊」，讓自己天天訓練口才、表達與膽識，最後搖身一變，成為電視記者、主播。

我深信，她一定「下定決心、不斷苦練」，才有今日的傲人成就。

「口才魅力、口語表達」這件事，有些人是「天生的」，有些人

則是「苦練出來的」。

學好口語表達，就能——「辛苦三、五年，風光五十年。」

我年輕時，每天朗讀國語日報、報紙新聞稿；坐公車時，口中也默唸車廂廣告，或自己練習「即席演講」……有空時，到空教室、空曠操場、司令台……自我訓練演講、口語表達。只要有機會，就積極、主動參加演講比賽！

我們就是要訂下目標——

「鍛鍊自己、挑戰自己、成就自己、榮耀自己！」

因為，別人沒有認識我們的義務，但，我們有自我行銷的權利啊！

而且，「成功，永遠屬於積極、主動、勇敢、永不放棄的人。」

勵志小語

勤奮，是通往成功的不二道路；
苟安、懶惰，是人生中的最大不幸。

60

只要勇敢開口，就有機會
心轉念、人轉變，你才能轉運

有些讀者、朋友問我：「中年失業怎麼辦？……不敢跟朋友提及，深怕沒有面子，怎麼辦？……」

我的人生觀念與態度，就是——

「碰到困難，只要勇敢開口、請教，就有機會。」

人，不敢開口，哪裡會有機會？

不主動開口，誰會來幫助我們？

別想了，門兒都沒有！

再大的困難，總會有解決的契機！問題是，你敢不敢「主動開口」，請求救援、請求幫助？

人生，就是要有積極、不怕沒面子的「陽光態度」！

「困難、困難，困在家裡萬事難；

出路、出路，出去走走就有路。」

人，就是要勇敢走出去，才會有輕風吹拂啊！

人，就是要勇敢開口、找人協助、請求幫助，才能改變命運，讓自己「反敗為勝」啊！

而且，人生，就是要「轉念」、「轉變」、「轉運」。

這是什麼意思呢？

就是——

腦袋要懂得「轉念」，轉個想法與念頭——從「負面思想」，轉化為「正面思想」。

行動要開始「轉變」——從「消極」，轉變為「積極」。不能天天唉聲嘆氣、怨天尤人、憤世嫉俗，要勇敢踏出去……

只要「思維轉念」、「行動轉變」，命運就會開始「轉運」啊！

人在最低潮、最困難的時候，

再多一點勉強、多一點開口；

再多一點主動、多一點請教……

就會遇見貴人，也就會是「轉運」的契機，也是距離「翻身、成功」不遠了。

勵志小語

當你停止嘗試、不再突破時，就是「平庸、走下坡」的開始。

國家圖書館出版品預行編目（CIP）資料

挫折是用來勵志、不是用來喪志的：寫給千萬年輕人的信念和勇氣之書 / 戴晨志著. -- 初版. -- 臺中市:晨星, 2021.07
面；公分 . —（勁草生活 ; 487）

ISBN 978-986-5582-84-5（平裝）

1. 成功法　2. 生活指導

177.2　　110007103

勁草生活 487

挫折是用來勵志、不是用來喪志的

寫給千萬年輕人的信念和勇氣之書

作者	戴晨志
編輯	王韻絜
校對	戴晨志、王韻絜
美術設計	張蘊方
封面設計	柯俊仰
創辦人	陳銘民
發行所	晨星出版有限公司 台中市 407 工業區 30 路 1 號 TEL：04-23595820　FAX：04-23550581 http://star.morningstar.com.tw 行政院新聞局局版台業字第 2500 號
法律顧問	陳思成 律師
初版	西元 2021 年 07 月 01 日
初版二刷	西元 2023 年 01 月 15 日
讀者服務專線	TEL:（02）23672044 /（04）23595819#212
讀者傳真專線	FAX:（02）23635741 /（04）23595493
讀者專用信箱	service@morningstar.com.tw
網路書店	http://www.morningstar.com.tw
郵政劃撥	15060393（知己圖書股份有限公司）
印刷	上好印刷股份有限公司

歡迎掃描 QR CODE
填線上回函

定價 350 元
ISBN 978-986-5582-84-5

Published by Morning Star Publishing Inc.
Printed in Taiwan